Annie Monnerie-Goar
Marie-Chantal Kempf
Évelyne Siréjols

Champion 2

Méthode de français

Cahier d'exercices

CLE
INTERNATIONAL

Imprimé par I.F.C. 18390 Saint-Germain-du-Puy
N° d'éditeur : 10081818 - Dépôt légal : février 2001 - N° d'imprimeur : 01/78

Avant-propos

Ce cahier d'exercices propose des activités complémentaires correspondant à chaque unité du livre de l'élève *Champion 2*.

Ces exercices portent sur la grammaire, la compréhension écrite, l'intonation, la compréhension orale et la production écrite. Ils permettent d'approfondir les compétences déjà travaillées et de renforcer les acquisitions de la méthode.

Le vocabulaire utilisé reprend le vocabulaire « actif » des deux premières séquences, à dominante « oral » et « écrit », de chaque unité.

Ce cahier d'exercices permet de travailler les aspects grammaticaux, l'argumentation, l'expression des sentiments et les activités de compréhension orale et écrite nécessaires à la préparation des unités A2, A3 et A4 du DELF.

L'apprenant peut utiliser ce cahier d'exercices ainsi que la cassette sonore ou le CD en auto-apprentissage, la correction de tous les exercices figurant dans un livret.

On trouve également, à la fin de ce cahier, un lexique que l'apprenant pourra traduire dans sa langue maternelle, de façon à se constituer son propre dictionnaire.

Unité 1

Grammaire

1 **Le passé composé et l'accord du participe passé (rappel).**
Faites les accords nécessaires :

La nuit dernière, on a cambriolé..... le magasin de Monsieur
Dumont. Les voleurs sont entré..... par la fenêtre de la cour
qu'ils ont ouvert..... . Ils ont dérobé..... 25 000 francs de bijoux.
M. et Mme Dumont sont arrivé..... très vite parce qu'une voisine les a appelé..... . Elle leur a dit..... qu'il y avait quelque chose
de bizarre dans leur magasin. Quand ils ont arrêté..... leur voiture, ils ont vu..... une moto qui tournait au coin de la rue.
Ils ont préféré..... entrer dans la bijouterie* où ils ont trouvé.....
des gants que les voleurs avaient oublié..... . Ils ont immédiatement téléphoné..... à la police qui a décidé..... de mener une
enquête.

*Une bijouterie est un magasin de bijoux.

> **Attention !**
>
> Avec *être*, le participe passé
> s'accorde avec le sujet.
> *Mes amies sont passées me voir.*
> *Elles sont arrivées à 14 heures.*
> *Elles se sont assises.*
>
> Avec *avoir*, le participe passé ne
> s'accorde jamais avec le sujet
> mais avec le complément direct
> quand il est placé avant le verbe.
> *Elles ont apporté une tarte.*
> *Nous l'avons mangée.*
> *Je leur ai offert des gâteaux.*
> *Elles les ont finis.*

2 **L'imparfait et le passé composé.**
Écrivez ce texte au passé :

Il fait nuit. Deux jeunes gens sont à côté d'une moto arrêtée devant un restaurant. Ils parlent.
Ils portent des blousons et des jeans. Ils sont jeunes. Une vieille dame sort du restaurant. Elle a
les cheveux blancs et elle tient une grosse valise à la main. Elle prend la rue vers la mairie. Les
deux jeunes gens montent sur la moto et ils suivent la vieille dame. Elle commence à avoir
peur. Elle se met à marcher plus vite parce qu'elle a peur. La moto arrive à côté d'elle quand un
des deux garçons lui dit : « Mamie, je ne savais pas que tu rentrais aujourd'hui de voyage...
Je pouvais venir te chercher ! »

....

....

....

....

....

....

....

....

....

....

3 **L'expression du temps.**

À partir des éléments suivants, faites des phrases complètes au passé exprimant l'antériorité, la simultanéité ou la postériorité:

1. Mardi : Le commissaire commence à mener l'enquête. / Lundi : Cambriolage du bureau de poste.

→ ....

2. Lundi et mardi : Le commissaire écoute plusieurs témoins. / Jeudi : il arrête le cambrioleur.

→ ....

3. 22 h : Une explosion a lieu dans le cinéma du quartier. / 22 h : Ma voisine remarque un homme bizarre qui sort du cinéma.

→ ....

4. 18 h : L'attentat a lieu. / 18 h 25 : Les pompiers arrivent.

→ ....

5. 8 h 30 : Je sors de chez moi. / 8 h : J'entends à la radio que les victimes de l'accident de train portent plainte contre la SNCF.

→ ....

4 **Le passif.**

a. Récrivez ces phrases à l'actif:

1. La victime a été frappée au visage par le boucher.

→ ....

2. Les bijoux volés qui étaient recherchés par la police ont été retrouvés hier.

→ ....

3. Une plainte a été déposée contre cet inconnu qui a été remarqué par plusieurs clients du supermarché.

→ ....

b. Récrivez ces phrases au passif:

1. On a arrêté l'homme qui rôdait depuis plusieurs jours près du théâtre.

→ ....

2. L'incendie a causé des dégâts importants.

→ ....

3. Tous les enfants du quartier connaissaient ce vieux chien qu'une voiture a écrasé.

→ ....

Compréhension orale

5 La surprise et le soulagement.
Écoutez ces phrases et cochez la bonne case.

	1	2	3	4	5	6	7	8
Surprise								
Soulagement								

6 Portraits.
Regardez les dessins de ces cinq personnes puis écoutez les descriptions sonores. À quelle description correspond chaque dessin ?

n° .....   n° .....   n° .....   n° .....   n° .....

7 Faits divers.
Écoutez ces deux faits divers puis répondez aux questions suivantes.

a. Incendie à Barc.

1. Quand l'incendie a-t-il eu lieu ? ....

2. Où a-t-il eu lieu ? ....

3. Comment les pompiers ont-ils su qu'il y avait un incendie ? ....
....

4. Y a-t-il eu des victimes et des dégâts ? Si oui, quoi ? ....
....

5. Le témoin a-t-il remarqué quelque chose de bizarre ? Si oui, quoi ? ....
....

6. Que fait maintenant la police ? ....

b. Hold-up chez Toutor.

1. Que s'est-il passé ? ....

2. Quand, où et comment ça s'est passé ? ....

....

....

3. Y a-t-il eu des victimes ? ....

4. Qu'ont-ils volé ? ....

5. Qu'a fait la police ? ....

Compréhension et expression écrites

8 **Lisez cet article puis répondez aux questions.**

■ FAIT DIVERS

Quatre victimes : une jeune fille est morte et trois jeunes sont blessés

Ces quatre élèves d'un lycée d'Aurillac faisaient de la randonnée avec 17 jeunes âgés de 16 à 18 ans et deux professeurs. Ils étaient dans un hôtel à 30 kilomètres d'Aurillac où ils s'étaient arrêtés après une journée de marche.

Myriam, une jeune fille de 17 ans, est sortie de la maison vers deux heures du matin avec son petit ami et deux autres élèves. Ils ont traversé une route qui allait au Puy Mary. Myriam a marché sans voir la falaise* et elle est tombée. Ses trois camarades qui ont eu très peur sont allés voir ce qui se passait et sont tombés eux aussi. D'après l'enquête, tous les quatre avaient bu de l'alcool.

Le directeur du lycée ne comprend pas comment cette randonnée a pu se terminer si mal et faire quatre victimes. Juste avant l'accident, deux classes étaient parties et tout s'était bien passé.

_____

* Pente très raide située en montagne ou en bord de mer.

Le Figaro, 26/09/98.

---

a. Trouvez trois mots clés dans cet article.

....

b. Compréhension globale :

1. Quel est le sujet de ce fait divers ? ....

2. Quelles sont les personnes concernées ? ....

3. Que s'est-il passé ? ....

4. Quand et où cet accident s'est-il produit ? ....

5. Quelles sont les conséquences de cet accident ? ....

c. Compréhension plus fine :

1. Qu'avaient-ils fait avant de s'arrêter à l'hôtel ? ....

2. Myriam a-t-elle quitté la maison seule ? ....

d. Lexique :

1. Trouvez une expression équivalente à « une marche en montagne ».

....

2. Trouvez dans cet article trois mots qui désignent les adolescents.

....

3. Trouvez un titre à ce fait divers.

....

9 Fait divers.

a. Lisez ce fait divers et répondez à la question.

Un voleur reconnu par une voisine

Mercredi soir, à 11 heures, un jeune homme entre dans une pharmacie du XIVe arrondissement de Paris, rue d'Alésia. Il porte un bonnet noir sur la tête et il a un revolver à la main ; il demande le contenu de la caisse. L'homme emporte 900 F et part en courant. Dehors, il retire son bonnet, mais il voit juste à ce moment-là une de ses voisines d'immeuble qui habite, comme lui, une rue proche de la pharmacie. C'est ce qu'elle explique aux policiers qui viennent arrêter le jeune homme dès le lendemain matin. On trouve chez cet homme qui est âgé de vingt ans, une partie de l'argent, le bonnet noir et un faux pistolet.

D'après *Le Parisien*, 28/02/99.

Pourquoi et comment le voleur a-t-il été arrêté ?

....

....

....

....

b. Mettez ce fait divers au passé : passé composé et imparfait.

10 À vous !
Développez ces titres en trois ou quatre phrases. Utilisez le passif.

Un professeur blessé au lycée Louis-Aragon de Nîmes.

ATTENTAT À AJACCIO
Explosion d'une voiture devant un supermarché.

Incendie à Tours dans un immeuble de six étages : 10 blessés.

Unité 2

Grammaire

1 **Le futur.**
Mettez les verbes entre parenthèses au futur.

1. La course des 24 heures du Mans (avoir) .... lieu samedi et dimanche prochains. Les meilleurs coureurs (être) .... au départ. Renault (faire) .... courir sa nouvelle Formule 1.

2. Tous les cyclistes (être) .... au rendez-vous mais le coureur qui (arriver) .... le premier à l'étape (gagner) .... la coupe.

3. Je (prendre) .... les places et nous (aller) .... au match de football samedi prochain. Si tu n'as pas assez d'argent, je t'(offrir) .... ta place. Mes parents (venir) .... nous chercher au stade à la fin du match.

4. La course (commencer) .... à 10 heures. Tout d'abord, les femmes (courir) .... les 100 mètres puis les hommes (faire) .... le 3 000 mètres. Les meilleurs (gagner) .... une coupe mais tous les coureurs (boire) .... du champagne à la fin de la matinée.

2 **Les prépositions de lieu (rappel).**
Complétez ce texte par des prépositions de lieu.

La Route du Rhum est une course de voiliers en solitaire. Elle est partie .... Saint-Malo .... Bretagne, le 8 novembre 1998. L'arrivée a eu lieu .... Pointe-à-Pitre, ... Guadeloupe. Cette petite île se trouve .... l'océan Atlantique, ... Venezuela. Cette année encore, pour la deuxième fois, c'est Laurent Bourgnon qui a gagné la course. Il a mis 12 jours et quelques heures pour aller .... Pointe-à-Pitre. Il lui a fallu un peu plus d'une semaine pour parcourir les 6 573 kilomètres qui séparent .... France .... la Guadeloupe. Il est arrivé fatigué mais heureux de cette semaine passée .... mer.

> **Les prépositions de lieu**
> • Distance entre deux lieux :
> **De... à..., de... jusqu'à..., entre... et...**
> *De Paris à Lyon, il y a 350 km.*
> *De Paris jusqu'à Lyon, il y a 350 km.*
> *Entre Paris et Lyon, il y a 350 km.*
> *Jusqu'à Lyon, il y a 350 km.*
> • Autres indications de lieu :
> **Sur** (la côte)
> **En** (mer) = **au milieu de** (la mer)
> **Par** (la fenêtre)
> • Lieu imprécis :
> **Vers** (Bordeaux) = **dans la région de...**
> **Dans les environs de / aux alentours de**
> (Bordeaux), **près de..., à côté de...**

3 La chronologie dans le récit.

Complétez ces phrases par ces compléments de temps : dès, plus tard, enfin, à partir de, de / à, d'abord, pendant, depuis, d'ici, ensuite **et par les verbes** se succéder, précéder **et** suivre.

Le Tour de France

1903 : 1er Tour de France.

1905 : Étapes en montagne.

1929 : La radio commente le Tour.

1948 : On peut voir l'arrivée du Tour à la télévision.

1961/1964 : Jacques Anquetil champion du Tour.

1969/1974 : vainqueur Eddy Merckx.

1978/1985 : vainqueur Bernard Hinault.

1986/... : Plusieurs champions étrangers (dans l'ordre chronologique), Creg Le-Mond, Miguel Indurain, Ian Ullrich et Marco Pantani.

Le Tour de France a lieu .... le 1er juillet 1903. .... 1905, le Tour comporte des étapes en montagne. .... 1929, la radio suit le Tour. ...., en 1948, la télévision montre pour la première fois les images de l'arrivée du Tour. Les grands noms du Tour sont : .... le Français Jacques Anquetil qui gagne la course, ... 1961 .... 1964 ; .... le Belge Eddy Merckx qui a été le vainqueur du Tour .... cinq ans (1969-1974) ; ...., également cinq fois vainqueur, le Français Bernard Hinault, ... 1978 .... 1985. .... 1986, plusieurs vainqueurs étrangers .... : l'Américain Creg Le-Mond .... l'Espagnol Miguel Indurain qui .... par Ian Ullrich, ... par Marco Pantani. Cette année encore, ... l'arrivée du Tour, à la fin juillet, les spectateurs auront le temps de faire des pronostics sur le vainqueur.

Compréhension orale

4 La certitude et le doute.

Écoutez ces phrases et cochez la bonne case.

	1	2	3	4	5	6	7	8
La certitude								
Le doute								

5 Chronologie : événements sportifs à Levallois-Perret.

a. Écoutez l'enregistrement et remplissez ce calendrier.

Date	Samedi 6 mars	Samedi 13 mars	Samedi 20 mars
Événement	....	....	....
	....	....	....
	....	....	....
	....	....	....

b. Indiquez ensuite si ces phrases sont vraies.

1. Le match de football précédera le match de basket. VRAI ☐ FAUX ☐

2. La rencontre de handball suivra le match de football. VRAI ☐ FAUX ☐

3. La semaine précédant la rencontre de football amateur, auront lieu les championnats de tennis de table femme. VRAI ☐ FAUX ☐

4. D'ici le 9 mars, le championnat de tennis de table aura lieu au Stade des sports. VRAI ☐ FAUX ☐

5. Jusqu'au 20 mars, on peut apprendre à jouer au tennis gratuitement. VRAI ☐ FAUX ☐

6. Des cours de tennis sont donnés gratuitement le samedi à partir du 20 mars. VRAI ☐ FAUX ☐

7. Les cours de tennis sont donnés jusqu'au mois d'octobre. VRAI ☐ FAUX ☐

8. Dès la fin du mois de mars, il est possible de s'inscrire pour la course « La Traversée de Levallois ». VRAI ☐ FAUX ☐

9. D'ici la fin de mars, on peut s'inscrire pour la course à pied. VRAI ☐ FAUX ☐

10. Cette « Traversée de Levallois » a lieu le dimanche à partir du 4 avril. VRAI ☐ FAUX ☐

6 Résultats sportifs.
Écoutez l'enregistrement puis complétez la grille suivante par les informations entendues.

Coupe de France de football : huitièmes de finale.

Équipes	Vainqueur	Résultat
Lille-Guingamp	....	....
Sedan-Amiens	....	....
Troyes-Angoulême	....	....

Compréhension et expression écrites

7 **Lisez cet article et répondez aux questions.**

Bravo Amélie !

AMÉLIE MAURESMO a battu la numéro 1 mondiale, Martina Hingis, 2-6, 6-1, 6-3. Une victoire magnifique qui lui permet de jouer en demi-finale contre Dominique Van Roost. L'autre demi-finale opposera Nathalie Dechy à Serena Williams.

Moins d'un mois après la finale de l'Open d'Australie, que la Suissesse avait gagné 6-2, 6-3, les deux joueuses se sont retrouvées hier soir en quart de finale à Paris. Et, cette fois, c'est la Française qui a gagné, battant la championne du monde en trois sets et en une heure et demie.

Mauresmo a ainsi réussi à battre deux numéros 1 mondiales différentes en quatre semaines : à Melbourne*, Mauresmo avait battu Lindsay Davenport en trois sets en demi-finale.

Pourtant, 25 minutes après le début du match qui a commencé à 18 h au stade Pierre-de-Coubertin, Amélie ne semblait pas très en forme, elle avait pris un très mauvais départ et elle donnait tous les points à la Suissesse. Mais au deuxième set, Amélie a commencé à bien jouer et elle a remporté la victoire devant un public enthousiaste.

* Ville d'Australie.

D'après *Le Parisien*, 28/02/99.

a. Compréhension globale :

1. De quel événement s'agit-il ? ....

2. Quand s'est-il passé ? ....

3. Où ? ....

b. Compréhension plus fine :

1. Martina Hingis est-elle française ? ....

2. M. Hingis a-t-elle déjà battu Amélie Mauresmo ? ....

3. Y a-t-il longtemps que la finale de l'Open d'Australie a eu lieu ? ....

....

4. À l'Open de tennis d'Australie, qui la Française avait-elle battu ? ....

....

5. À quelle heure le match gagné par A. Mauresmo a-t-il eu lieu ? ....

6. La Française a-t-elle bien joué au début du match ? ....

7. Combien de temps le match a-t-il duré ? ....

8 **À vous !**

Amélie Mauresmo raconte son match d'hier et elle donne ses impressions à un journaliste. Utilisez : Je pense que, je crois que, j'estime que, je trouve que, d'abord, puis, ensuite, enfin.

9 **Lisez ce document et répondez aux questions.**

La grande aventure du «Dakar»

Cette course à travers le désert créée par Thierry Sabine et qui dure vingt jours, a eu lieu pour la première fois en 1978. Pour faire ce rallye*, il faut aimer l'aventure et les déserts africains mais aussi être en bonne forme physique. Les coureurs sont en voiture ou à moto et traversent l'Algérie, le Niger, le Mali et le Sénégal. Ils font au total 10 000 kilomètres. Le parcours de la course change chaque année ; par exemple, en 1992, l'arrivée s'est faite au Cap, en Afrique du Sud. En 1994, la course a traversé la Guinée, un pays qui était fermé aux étrangers depuis 20 ans.

Ce rallye est si dur que tous les coureurs n'arrivent pas à Dakar. En 1995, 100 coureurs sur 486 y sont arrivés.

En 1986, l'avion de Thierry Sabine s'est écrasé dans le désert. L'inventeur du Dakar,

le chanteur Daniel Balavoine et trois autres passagers ont disparu dans cette Afrique qu'ils aimaient tant. Les années suivantes, c'est le père de T. Sabine qui a pris la direction du rallye jusqu'en 1995, et cette année-là, Hubert Auriol, qui a remporté plusieurs fois la course, est devenu le nouveau directeur du Dakar. En 1999, c'est Jean-Louis Schlesser qui a remporté la course.

_____

* Un rallye est une course comprenant des épreuves particulières.

a. Questions de compréhension.

1. Qui a créé cette course ? ....
2. Le parcours est-il toujours le même ? ....
3. Est-ce une course difficile ? ....
4. La course se fait-elle seulement en voiture ? ....
5. Comment Thierry Sabine est-il mort ? ....
6. Hubert Auriol dirige-t-il le rallye depuis 1986 ? ....
7. Combien de personnes sont mortes dans l'accident d'avion de 1986 ? ....
8. L'arrivée de la course a-t-elle toujours lieu à Dakar ? ....

b. Vocabulaire. Reliez par une flèche les expressions de sens proche.

1.	remporter	a.	prendre la direction
2.	créer	b.	se passer
3.	passer par	c.	évoluer
4.	avoir lieu	d.	traverser
5.	dur	e.	inventer
6.	changer	f.	difficile
7.	diriger	g.	gagner

10 À vous !

Des matches de football vont avoir lieu dans plusieurs villes les 27 et 28 février. Voici le programme des rencontres. Écrivez un bref article pour informer les lecteurs d'un journal sportif.

PROGRAMME DES RENCONTRES

❖   ❖   ❖

27 février
_____

18 h à Laval : Laval contre Cannes
20 h à Châteauroux : Châteauroux contre Niort

28 février
_____

20 h à Lille : Lille contre Nîmes
20 h à Troyes : Troyes contre Nice

....
....
....
....
....
....
....
....

Unité 3

Grammaire

1 **L'interrogation.**

a. Lisez les informations concernant la pièce *Rêver peut-être* **puis complétez les questions suivantes.**

1. Qui .... ?

2. Où .... ?

3. ... quand .... ?

4. Quel .... ?

5. ... quelle .... ?

b. Vous voulez voir cette pièce. Complétez ce dialogue. Imaginez les questions ou les réponses correspondant aux informations données.

1. – ....

2. – Je voudrais réserver trois places. ....

   ....

3. – Le prix des places varie entre 180 et 320 francs.

4. – ....

5. – Les places à 180 francs sont bien, elles sont au milieu du théâtre mais au 2ᵉ balcon.

6. – Alors donnez-moi trois places à 180 francs pour le lundi 25 mars.

7. – Le lundi ? Ce n'est pas possible !

8. – ....

9. – C'est relâche, le théâtre est fermé !

10. – Alors pour le mardi 26 !

2 **Le subjonctif.**

a. Transformez ces phrases en suivant le modèle :

   Tu dois prendre un taxi pour aller au théâtre.
   → Il faut que tu prennes un taxi pour aller au théâtre.

1. Je dois écrire l'heure du rendez-vous avec Sophie.

   → ....

2. Nous devons apprendre notre rôle pour le mois prochain.

   → ....

Rêver peut-être

de Jean-Claude
Grumberg
avec Pierre Arditi
au Théâtre
du Rond Point

À partir du 12 janvier :
Mardi à 19 h 30
Mer-Jeu-Ven-Sam à 20 h 30
Dim à 15 heures
Relâche Lundi

Location : 01 44 95 98 10

... Il y a une émotion très forte qui nous aidera à ressentir plutôt qu'à comprendre. Une émotion que nous communiqueront les acteurs. Ce devrait être un spectacle qui vous arrache à votre quotidien. Ou bien on décolle de son quotidien, ou bien on s'endort sur son fauteuil...

Jean-Michel RIBES
Metteur en scène

(DR)

3. Vous devez aller à ce concert avant votre départ.

→ ....

4. Elles doivent avoir de bonnes places.

→ ....

5. Tu dois absolument voir ce film de science-fiction.

→ ....

6. On ne doit pas arriver en retard dans la salle de concert.

→ ....

7. L'actrice ne doit pas être trop âgée pour jouer ce personnage.

→ ....

b. Le subjonctif (avec il faut que, être, avoir, **et autres verbes irréguliers).**
Lisez ces conseils pour réserver des places au théâtre des Amandiers puis réécrivez ces conseils en employant il faut que **suivi du subjonctif.**

THÉÂTRE DES AMANDIERS – LOCATION DES PLACES

○ **SUR PLACE.**
Allez au théâtre et payez par chèque ou par carte bancaire. Arrivez au moins une heure avant le spectacle.

○ **PAR TÉLÉPHONE.**
Appelez le 01 46 14 70 00 du mardi au samedi de 12 h à 19 h.

○ **PAR COURRIER.**
Envoyez une lettre avec le spectacle choisi, donnez 3 dates possibles et ajoutez un chèque à l'ordre du théâtre des Amandiers. N'oubliez pas

de mettre aussi dans votre courrier une enveloppe timbrée à vos nom et adresse.

○ **PAR MINITEL.** Composez 3615 Sortir.

○ **POUR LES ABONNÉS.**
Vous devez avoir votre carte d'abonnement. Présentez-la à l'entrée du théâtre pour avoir vos places.

Attention !
Vous devez être au théâtre 15 minutes avant le début du spectacle pour retirer vos places.

Pour louer des places, il faut que vous ....

....

....

....

....

....

....

3 **Le gérondif.**

Réécrivez ces phrases et employez un gérondif quand c'est possible.

• *Exemples :* Il a eu envie de devenir acteur quand il a lu les pièces de Molière au lycée.
→ Il a eu envie de devenir acteur en lisant les pièces de Molière au lycée.
Elle a décidé d'être chanteuse quand ses parents l'ont amenée à l'Opéra. (impossible)

1. J'ai été très déçu quand j'ai vu l'adaptation de *Madame Bovary* au cinéma.

→ ....

2. Quand je l'ai appelé, il a pris des places à la Comédie-Française.

→ ....

3. Nous sommes allés remercier le metteur en scène parce qu'il nous a envoyé des invitations.

→ ....

4. Comme elle écoutait un disque de Julien Clerc, elle a décidé d'aller à son prochain spectacle.

→ ....

5. J'ai assisté à la nouvelle mise en scène de *Starmania* et j'ai retrouvé l'atmosphère des années 70.

→ ....

6. Elle a eu envie d'écrire un roman quand son mari lui a fait visiter Berlin.

→ ....

7. Tavernier a découvert un acteur de talent quand il a choisi Philippe Torreton pour jouer le rôle d'un policier dans *L627*.

→ ....

8. Quand ils ont voyagé à Venise, ils sont allés pour la première fois à l'Opéra.

→ ....

Compréhension orale

4 L'enthousiasme et la déception.
Écoutez ces phrases et cochez la bonne case.

	1	2	3	4	5	6	7	8
L'enthousiasme								
La déception								

5 La semaine du cinéma.
Écoutez cette information puis répondez aux questions suivantes.

1. À qui s'adresse cette information ? ....
....

2. Où a lieu cet événement ? ....
....

3. À quel moment ? ....
....

4. Quelles sont les conditions proposées (heure / prix) ? ....
....

5. Comment le journaliste appelle-t-il la ville concernée ? ....

....

6. Comment appelle-t-il le cinéma ? ....

....

6 Critiques de films.
Écoutez ces deux critiques de films puis remplissez la fiche suivante.

	Belle-Maman	*Festen*
Sujet du film	....	....
	....	....
Points positifs	....	....
	....	....
Points négatifs	....	....
	....	....

Compréhension et expression écrites

7 **Lisez ces critiques de films et répondez aux questions.**

Critiques

La Ligne rouge de Terence Malik

C'est un film de guerre très violent sur la bataille de Guadalcanal qui a opposé les Américains et les Japonais en 1942. Adapté du roman *The Thin Red Line* de James Jones, le film de Malik montre la peur et la souffrance des soldats. Les images sont parfois très dures, mais la qualité du scénario, son intérêt historique et la dimension psychologique des personnages font de ce film une réussite. Nick Nolte et Sean Penn y sont remarquables.

Les Enfants du marais de Jean Becker

Garris et Riton habitent au bord d'un étang*. Tous deux ont un ami, Amédée, un artiste rêveur toujours de bonne humeur. Ils rencontrent Pépé, un riche industriel qui vit loin de sa famille à cause de son gendre. Les acteurs sont parfaits surtout Jacques Villeret dans le rôle de Riton, l'homme-enfant. Tous nous touchent le cœur. C'est un petit chef-d'œuvre.

*Un étang est une étendue d'eau plus petite qu'un lac.

Ça commence aujourd'hui
de Bertrand Tavernier

Philippe Torreton joue le rôle de Daniel Lefèvre, directeur d'une école maternelle dans une ville qui se trouve face au chômage. Il se bat pour aider les élèves à avoir un avenir meilleur. Sur un thème d'actualité, les difficultés des enfants à l'école et les problèmes des parents, Tavernier fait ici un film engagé où les dialogues sont vrais. Cette histoire donne à réfléchir. C'est un film très émouvant.

Le Vent de la nuit de Philippe Garrel

C'est l'exact contraire des *Enfants du marais*. Dépressif à l'extrême, ce film se termine par la mort de l'un des principaux personnages. On y trouve Catherine Deneuve qui semble ici vouloir changer son image. Ce film illustre un cinéma français qui décrit les profondes blessures de l'âme, c'est un cinéma du malheur qui laisse le spectateur très triste. Ce film est ennuyeux. À ne pas voir.

1. Quels films ont plu au journaliste ? ....

2. Quels adjectifs caractérisent les films, les acteurs, les images ?

    a. *La Ligne rouge* : ....

    b. *Ça commence aujourd'hui* : ....

    c. *Les Enfants du marais* : ....

    d. *Le Vent de la nuit* : ....

3. Quel film est adapté d'un roman ? ....

4. Quel film raconte la vie de plusieurs amis ? ....

8 Lisez la présentation de ce spectacle et répondez aux questions.

Acalanto!, des mots qui chantent

La conteuse Maria Mansour, du théâtre Oxala, raconte des histoires de son pays, le Brésil, mais aussi d'Europe et d'Afrique. Elle raconte de sa voix chantante la naissance de la lune, des étoiles et de la lumière du jour. Son spectacle s'appelle *Acalanto!* et il dure une heure. Les enfants à partir de quatre ans aimeront ce spectacle à l'atmosphère douce et chantante.

1. À qui s'adresse ce spectacle ? ....

2. Quel est ce spectacle ? ....

3. Combien de temps dure-t-il ? ....

4. De quelle nationalité Maria Mansour est-elle ? ....

5. Les histoires sont-elles toutes d'origine brésilienne ? ....

....

6. Pourquoi les enfants aiment-ils *Acalanto!* ? ....

9 Lisez la critique de ce film.

Shanduraï de Bernardo Bertolucci

DRAME PSYCHOLOGIQUE

Après l'arrestation de son mari, Shanduraï quitte l'Afrique pour vivre à Rome. En échange d'une chambre, elle fait le ménage chez un pianiste anglais, M. Kinsky, un homme très solitaire. Très vite, une relation s'installe entre ces deux personnages que tout séparait. La jeune femme est troublée mais elle continue à espérer la libération de son mari. Les images sont superbes, l'interprétation des comédiens est très juste et ce film traduit assez bien la complexité des sentiments amoureux.

Cette critique est assez bonne. Reprenez les informations sur les images, le scénario, l'interprétation des acteurs, ajoutez votre avis personnel et rédigez :
a. une critique très très bonne de ce film.

....

....

....

b. une critique très mauvaise.

....

....

....

Unité 4

Grammaire

1 Le conditionnel.

a. Reformulez poliment au conditionnel.
Utilisez les verbes : pouvoir, vouloir, avoir, aimer.

1. Vous demandez où se trouve la rue Pasteur. → ....
....

2. Vous demandez l'heure à quelqu'un dans la rue. → ....
....

3. Vous achetez un kilo de pommes. → ....
....

4. Vous voulez parler à Monsieur Duroc. → ....
....

5. Vous proposez un café à une amie. → ....
....

6. Vous cherchez l'arrêt des taxis. → ....
....

b. Formulez des souhaits. Utilisez les verbes : aimer, vouloir, avoir envie de **au conditionnel. (Plusieurs réponses sont possibles.)**

- *Exemple :* Je ne peux pas aller au cinéma ce soir.
  → J'aimerais tellement aller au cinéma ce soir !

1. Je ne peux pas t'accompagner. → ....
....

2. Les Fouquet ne vivent pas à la campagne. → ....
....

3. Nous ne pouvons pas venir avec toi en Italie. → ....
....

4. Aurélie ne trouve pas de travail. → ....
....

5. Valérie n'arrive pas à maigrir. → ....

6. Juliette Berton n'est pas célèbre. → ....
....

c. Imaginez les questions correspondant à ces réponses.

1. – ....

   – Je préférerais aller au théâtre.

2. – ....

   – La rue de Lourmel ? Non, je ne sais pas où elle est.

3. – ....

   – Lundi soir, avec plaisir.

4. – ....

   – Oui, il est dix heures et quart.

5. – ....

   – Ah non, désolé, je ne fume pas.

6. – ....

   – Le livre du docteur Leblanc sur la diététique, oui, le voici.

2 La quantité.
Lisez ces informations sur les habitudes des Français en matière d'alimentation. Remplacez les pourcentages et les mots en italique par ces expressions de quantité : la plupart de, tous, tout…, quelques-uns, un peu de, peu de, certains.

1. Au petit déjeuner, 73 % des Français boivent du café ou du thé, 6 % ne prennent pas de petit déjeuner.

2. 59 % des Français boivent de l'eau du robinet* *chaque* jour.

3. 73 % des Français déjeunent chez eux en semaine, 81 % le week-end.

4. 12 % des adultes prennent un petit repas dans la matinée mais 20 % prennent un goûter l'après-midi.

5. Pour 86 % des Français, manger est d'abord un plaisir.

6. Des études américaines et françaises montrent que boire du vin *en petites quantités* protège contre *des* maladies.

7. *Les Français* consomment beaucoup de produits laitiers.

8. *L'ensemble de* ces chiffres se trouve dans *Francoscopie 1999* de G. Mermet.

....

....

....

....

....

....

....

....

*eau du robinet = eau de la ville.

3 Le subjonctif.

Donnez des conseils. Utilisez le subjonctif après les expressions : il vaut mieux que, il vaudrait mieux que, il est préférable que, il serait préférable que.

1. Tu peux t'inscrire à un club de gymnastique. → ....
....

2. Élisa devrait prendre un bon petit déjeuner. → ....
....

3. Louis devrait maigrir un peu. → ....
....

4. Tu peux acheter des produits bio. → ....
....

5. Va chez le médecin ! → ....
....

6. Vous devriez faire un peu de sport. → ....
....

7. Arrête de fumer, Paul ! → ....
....

8. Nous allons téléphoner à Thomas avant de passer chez lui. → ....
....

Compréhension orale

4 Écoutez ces phrases et classez-les dans la bonne colonne.

conseil	demande polie	souhait	préférence	proposition
....	....	....	....	....
....	....	....	....	....

5 Mieux manger pour vivre plus longtemps.

Écoutez cet enregistrement et répondez aux questions.

1. D'après le docteur Malévitch, peut-on vieillir sans se priver ? ....

2. Quels sont les trois conseils qu'il donne au début ? ....

3. Faut-il manger plus de viande ou plus de poisson ? ....

4. Ne mange-t-on pas trop aujourd'hui ? ....

5. Qu'est-ce qu'il ne faut pas consommer ? ....

6. Peut-on boire du vin ? ....

7. Le dîner doit-il être un grand repas ? ....

8. Les Français, en général, mangent-ils beaucoup de fruits ? ....

Compréhension et expression écrites

6 Lisez cet article.

Les repas en 2020

Pour Laurence, le petit déjeuner est le repas le plus important. Elle a lu ce qu'en disent les médecins, les nutritionnistes et les psychologues. Alors chez elle, le repas du matin est devenu le grand rendez-vous familial.

«Manger naturellement est le premier médicament contre beaucoup de maladies.» Mais à midi, chacun prend un déjeuner rapide, là où il peut, et le soir, on dîne souvent au restaurant ou chez des amis. C'est pourquoi le repas du matin est devenu chez Laurence un vrai repas santé.

Pour commencer, elle sort du four un beau pain complet tout chaud qui est cuit automatiquement tous les jours. Laurence met aussi sur la table du lait, du fromage blanc, des confitures. L'ordinateur de la cuisine indique qu'il manque des céréales. Elles seront apportées automatiquement demain chez elle par simple commande sur U-Net. Laurence va encore chercher des oranges fraîches dans son mini-jardin derrière la cuisine. Ses salades sont aussi très belles et comme c'est facile d'avoir un jardin dans son appartement au 43e étage d'une tour! Tout le monde s'assoit autour de la table. On parle du prochain week-end quand l'ordinateur de cuisine indique un message: «Un accident a eu lieu sur la route de Laurence et les voitures sont arrêtées. Vite, Laurence, tu vas être en retard!» C'est Laurence qui a acheté ce programme Canal Moi; c'est formidable. Laurence embrasse vite sa famille et descend au garage. Bonne journée, tout le monde!

a. Répondez aux questions suivantes.

1. De quel repas parle-t-on le plus dans ce texte? ....

2. Pourquoi est-il plus important que les autres? ....
....

3. Que prend-on dans cette famille le matin? ....
....

4. Quels changements voyez-vous en comparant avec la vie actuelle? ....
....

b. Décrivez en quelques lignes votre alimentation en indiquant les quantités.

....
....
....
....

c. Imaginez: vous avez une vie très différente. Par exemple, vous ne travaillez pas, ou bien vous vivez seul, ou encore dans un climat chaud, ou très froid. Comment aimeriez-vous organiser votre alimentation? (Employez le conditionnel.)

En vivant seul(e), je ....
....

Je ne travaillerais pas, ...
....

J'habiterais dans un climat chaud (froid), ...
....

7 Lisez cet article adressé aux adolescents français.

L'alimentation des jeunes laisse à désirer

... C'est ce que nous apprend une enquête menée récemment par un institut de sondage auprès de jeunes de 16 à 27 ans. Les résultats sont préoccupants :
Ils mangent à toute heure de la journée et n'importe quoi. En effet, leurs repas sont rarement équilibrés, expédiés à toute vitesse (une demi-heure en moyenne contre une heure chez les adultes). Ils consomment beaucoup trop de boissons sucrées (jus de fruits, sodas...), trop de viande et de charcuterie mais pas assez de légumes. En un mot, le tiers de cette population ignore l'équilibre des repas ! Alors il est temps de tirer la sonnette d'alarme : pour être en bonne santé, il est essentiel de se nourrir correctement.

a. Répondez aux questions suivantes.

1. Qui a fait cette enquête ? ....

2. Quelle population est concernée ? ....

3. Mettez une croix pour indiquer les résultats du sondage sur...

	Trop	Pas assez
des repas longs		
des repas équilibrés		
des repas à heures régulières		
des boissons sucrées		
de la viande		
de la charcuterie		
des légumes verts		

b. Que signifient les expressions suivantes ?

1. L'alimentation des jeunes laisse à désirer.
☐ Ils souhaitent une meilleure alimentation.
☐ Leur alimentation n'est pas bonne.
☐ Leur alimentation est excellente.

2. Les résultats sont préoccupants.
☐ Les faits montrent un problème.
☐ On a trouvé un remède.
☐ On doit travailler pour rendre ces résultats meilleurs.

3. Les repas sont expédiés à toute vitesse.
☐ Les repas commandés arrivent très vite.
☐ Ils mangent très vite.
☐ Ils prennent leur temps pour les repas.

4. Il est temps de tirer la sonnette d'alarme.
☐ Il faut téléphoner.
☐ Il faut arrêter d'avoir peur.
☐ Il faut faire attention.

5. Le tiers de cette population ignore l'équilibre des repas.
☐ Tous les jeunes se nourrissent mal.
☐ 30 % des jeunes mangent trop vite.
☐ 30 % des jeunes ne respectent pas les règles de l'alimentation.

c. Relisez ce texte puis donnez des conseils pour l'alimentation des jeunes.
Employez il faut que, il vaut mieux que, les jeunes feraient bien de, ils pourraient, ils devraient, à leur place...

....

....

Unité 5

Grammaire

1 **Les pronoms relatifs.**
Complétez par les relatifs qui, que, dont.

– Qu'est-ce qu'elle fait maintenant Sandrine ?

– Eh bien, Sandrine travaille avenue Gabriel dans un magasin de mode ......*qui*........... vend des vêtements très chers, ceux ......*qu*......... on rêve mais ....*qu'*......... on ne peut pas acheter. Les clients ....*qui*......... elle s'occupe ne savent pas toujours ce ....*qu'*......... ils ont envie, alors elle les conseille sur la couleur et le style .....*qui*........... leur conviennent le mieux. Je crois qu'il y en a certains ....*qu'*......... elle voit souvent et d'autres ....*qui*......... font de gros achats une fois mais ....*dont*...... ne reviennent jamais.

2 **Les pronoms démonstratifs.**
a. Complétez par celui, ceux, celle, celles.

– Qu'est-ce que je mets comme cravate avec ce costume ?

– Mets (1) ....-ci, je la trouve très élégante.

– Ah non, c'est (2) .... que je mets tout le temps.

– J'aime beaucoup ton grand sac bleu, tu me le prêtes ?

– Lequel ?

– Tu sais bien, (3) .... qui est bleu et noir en vinyle.

– Ah oui, (4) .... que Jean m'a offert l'année dernière, d'accord.

– Je vais chez des amis ce soir.

– Quels amis ?

– (5) .... que j'ai rencontrés chez Elisa et qui font du théâtre.

– Je suis allée dans le magasin de sport de la rue Delambre, tu sais (6) .... dont tu m'avais parlé.

– Et tu as acheté quelque chose ?

– Oui, des baskets comme (7) .... de Patrick.

b. Complétez avec celui, celle, ceux, celles qui, que, dont.

– Connaissez-vous les magasins Beauté Plus ? Vous y trouverez des vêtements différents,

(1) .... conviennent à votre style, à votre personnalité, mais aussi la petite ceinture

qui changera le style de votre robe, (2) .... vous rêviez mais que vous n'aviez

jamais trouvée.

– Je voudrais voir ces chaussures s'il vous plaît.

– Lesquelles ?

– (3) .... ont des talons hauts.

– Combien fait ce blouson marron ?

– C'est pour vous ?

– Oui.

– (4) .... vous parlez, nous ne l'avons plus dans votre taille, mais (5) ....

a un col en fourrure fait 900 F.

3 **Expression de la cause.**
Reliez les deux parties de ces phrases pour exprimer la cause. Utilisez à cause de
+ un nom, parce que **+ une phrase, les verbes** provoquer, causer.

1. Les habitants / quitter l'immeuble.
2. La route fermée.
3. L'alcool.
4. Ne pas acheter ces chaussures.
5. Louis / ne pas manger de pain / ni de gâteaux.
6. L'explosion.
7. Offrir le champagne à ses amis.
8. Ne jamais aller au théâtre.
9. Voir tous les films de G. Depardieu.
10. La pluie

a. Ils / détester ça.
b. un grave accident sur l'autoroute de l'Ouest.
c. Il / gagner au tiercé.
d. Un incendie.
e. Des maladies graves.
f. leur prix.
g. La neige.
h. De nombreux dégâts dans le quartier.
i. Il / vouloir maigrir.
j. Elle / adorer cet acteur.

....

....

....

....

....

....

....

....

....

....

Compréhension orale

4 Rassurer et s'inquiéter.
Écoutez ces phrases et cochez la bonne case.

	1	2	3	4	5	6	7	8
Rassurer								
S'inquiéter								

5 Rencontre avec une jeune créatrice de mode.
Écoutez l'enregistrement et répondez aux questions.

1. Luisa Rey travaille-t-elle depuis longtemps dans la mode ? ....
2. Les femmes savent-elles ce qu'elles veulent acheter comme vêtements ? ....
3. Habille-t-elle seulement les jeunes femmes ? ....
4. Pourquoi fait-elle des vêtements faciles à porter ? ....
5. Crée-t-elle des modèles sophistiqués ? ....
6. Aime-t-elle mélanger les styles de vêtements ? ....
7. Une femme peut-elle être élégante et aller travailler ? ....
8. Quelles matières préfère-t-elle ? ....
9. Luisa Rey aime-t-elle le rouge ? ....

6 La mode *snowboard* est dans les rues.

a. Écoutez l'enregistrement et répondez aux questions.

1. D'où vient cette nouvelle mode ? ....
2. Qu'est-ce que le *snowboard* ? ....
3. Que veulent ces jeunes ? ....
4. Que refusent-ils ? ....
5. Aiment-ils la compétition sportive ? ....
6. Quels vêtements portent-ils ? ....
7. Que dit Alain Garonne sur cette mode ? ....
   ....
8. Est-ce que les marques de vêtements s'intéressent à cette mode ? ....
   ....

b. Reliez par une flèche les expressions de sens proche.

1. Ne pas aimer   **a.** Mettre

2. Être proche de   **b.** Pratiquer

3. À grande vitesse   **c.** Être près de

4. Faire (un sport)   **d.** Très vite

5. Porter un vêtement   **e.** Refuser

7 Lisez ces quatre portraits.

a. Associez chaque portrait au dessin qui lui correspond.

Portraits de femmes

Sandra est écrivain ; elle écrit des histoires pour les enfants. Elle est très calme et elle s'intéresse beaucoup au monde artistique ; aussi, quand elle n'écrit pas, elle passe son temps dans les musées. Elle aime l'art japonais. Elle est élégante mais elle a horreur des vêtements classiques. Elle recherche toujours l'originalité. Elle connaît quelques boutiques où elle achète de grands vêtements larges aux couleurs chaudes, dans le style oriental. Elle porte souvent de longs manteaux en laine naturelle. Et, comme elle est sophistiquée, elle met de jolis bijoux qu'elle a achetés pendant ses nombreux voyages.

Catherine est professeur de français dans un lycée. Elle est sympathique et amicale. Elle aime la mode, elle aime la fantaisie. Le matin, quand elle choisit ses vêtements, elle pense à ses élèves : elle veut être agréable à regarder et surtout elle recherche la joie dans son style. Elle aime mélanger les styles, marier les couleurs, mettre des carreaux et des rayures ensemble… Tout est bon pour elle si ce n'est pas strict.

Brigitte est photographe pour un magazine sportif. Dynamique et toujours occupée, elle choisit des vêtements simples et discrets : vestes et pantalons, chemisiers à rayures ou à fleurs. Sa seule fantaisie, ce sont ses longs cheveux roux qu'elle porte sur les épaules. C'est une jeune femme discrète qui passe un peu inaperçue. C'est dommage car elle est ouverte et sympathique.

Louise est directrice des achats dans un grand magasin. C'est une femme active et son style est classique, plutôt strict même. Elle a peu de temps pour s'occuper d'elle, entre son travail et ses trois enfants, alors elle porte des robes ou des tailleurs de couleur souvent foncée. Louise adore les sacs et les chaussures : elle en a bien une trentaine, de toutes les couleurs et de tous les styles et elle en change chaque jour. C'est la seule fantaisie qu'elle se permet.

b. Retrouvez dans le texte les adjectifs qui indiquent la personnalité de chacune de ces femmes.

1. Catherine ....

2. Brigitte ....

3. Sandra ....

4. Louise ....

8 Lisez l'article suivant puis répondez aux questions.

LA CHEMISE BLANCHE, UN CLASSIQUE TRÈS TENDANCE

«Les modes meurent, c'est ce qui fait leur beauté», disait Cocteau. Sans doute, mais certaines résistent, disparaissent, puis renaissent. C'est le cas de la chemise, la vraie, celle des hommes. Pas très loin de nous, il y a eu la chemise «Mao», la chemise à col «pelle à tarte» des années yé-yé, celle à jabot de l'époque hippie. Sans oublier celle du dimanche, soigneusement cravatée, qui traverse les décennies. La chemise s'annonce de nouveau comme une des pièces maîtresses de la panoplie féminine pour la saison chaude. Avec un bel ensemble, les créateurs se sont donné le mot. De fait, la chemise toute simple, en popeline ou coton immaculé, cadre avec la sensibilité plutôt zen qui souffle sur la mode. L'esprit étant au strict minimum, la liquette se porte sur un pantalon taille basse, les pans flottant et les poignets mousquetaires défaits. Elle se permet également de nouvelles variations, façon chemisier à petit col, sagement rentré dans la jupe, comme un arrière-goût des années 50. Elle peut même faire usage de veste légère sur un bustier. Une idée guère ruineuse pour passer en fraîcheur de l'hiver au printemps… sans y laisser sa chemise!

Salomé Moreau

Nouvel Observateur, 25/02/99.

---

a. Compréhension globale :

1. De quel vêtement parle-t-on dans cet article (nom, couleur, matière) ?

....

2. Est-ce un vêtement nouveau ? Quelle est sa particularité ?

....

3. Comment peut-on le porter d'une façon moins classique aujourd'hui ?

....

b. Compréhension fine : Qu'est-ce que...

1. une liquette
- ☐ une chemise
- ☐ une veste
- ☐ un manteau

2. une décennie
- ☐ une mode
- ☐ un vêtement
- ☐ une dizaine d'années

3. une panoplie
- ☐ un style
- ☐ une personnalité
- ☐ un ensemble de vêtements

4. un créateur
- ☐ un vendeur
- ☐ un styliste
- ☐ un mannequin

5. une sensibilité zen
- ☐ un caractère simple
- ☐ une mode classique
- ☐ un style fantaisie

6. une idée guère ruineuse
- ☐ une idée chère
- ☐ une idée qui ne coûte pas cher
- ☐ une idée originale

c. À votre tour, pourriez-vous écrire quelques lignes sur un vêtement qui traverse les modes (par exemple le jean ou le T-shirt) ? Donnez des exemples de circonstances où on peut le porter et différentes façons de le porter.

Unité 6

Grammaire

1 **Le discours indirect.**
Reformulez les questions de l'agent immobilier et du client en utilisant dites-moi, je voudrais savoir, pouvez-vous me dire, je ne sais pas.

1. – Bonjour Monsieur, qu'est-ce que je peux faire pour vous?

   ....

   – Voilà, je cherche à acheter un appartement de 4 pièces.

2. – Qu'est-ce qui vous conviendrait? Le centre-ville ou la campagne?

   ....

   – Je préférerais le centre-ville.

3. – De quelle somme disposez-vous?

   ....

   – Un million de francs environ.

4. – Nous avons un bel appartement de 4 pièces qui fait 85 m² dans un immeuble ancien. Il est très confortable et très calme. Est-ce qu'il vous intéresse?

   ....

5. – Vous n'avez rien dans un immeuble neuf?

   ....

6. – Pourquoi? Vous n'aimez pas l'ancien?

   ....

   – Moi, si, mais c'est ma femme qui aime mieux les immeubles neufs.

   – Nous avons un autre appartement un peu plus grand. C'est un 5 pièces de 110 m² mais il est plus cher.

7. – Qu'est-ce que vous avez d'autre?

   ....

   – Pour le moment, nous n'avons pas beaucoup de 4 pièces en vente.

8. – Est-ce que je pourrais visiter le premier appartement?

   ....

9. – Bien sûr, Monsieur, demain matin, est-ce possible pour vous?

   ....

   – Oui, en fin de matinée, midi, ça m'irait.

   – Entendu, à demain.

2 Les pronoms possessifs.

a. Reliez par des flèches ces éléments pour faire des phrases complètes.

1. Je préfère notre maison

2. Prends le même contrat d'assurance

3. Leur appartement a la même superficie,

4. Tu connais mes enfants,

5. Notre prêt bancaire paraît plus avantageux

6. Range tes affaires et ne les mets pas

7. Notre maison de campagne est toute petite,

8. Les travaux de ma maison ne sont pas finis,

a. le mien est très intéressant.

b. à la leur.

c. que le sien.

d. mais il est mieux aménagé que le nôtre.

e. mais je n'ai jamais vu les tiens.

f. et les tiens ?

g. avec les miennes.

h. elle n'a rien à voir avec la vôtre.

b. Remplacez les expressions entre parenthèses par des pronoms possessifs.

– Tu veux changer d'appartement ?

– (1) (mon appartement) .... est bruyant ; mes voisins font beaucoup de bruit.

– (2) (mes voisins) .... aussi, mais ça ne me dérange pas. Je mets de la musique assez fort moi aussi.

– Nous aimons beaucoup notre quartier et vous ?

– Oui, (3) (notre quartier) .... est très agréable aussi.

– Nous avons de bonnes relations avec nos voisins et vous ?

– Oui, (4) (nos voisins) .... sont charmants.

– Pardon, cette voiture est à vous ?

– Oui, c'est (5) (ma voiture) ....

– Tes parents habitent toujours à Toulouse et ceux de Pauline à Lille ?

– Mais oui, (6) (les parents de Pauline) .... sont à Lille et (7) (mes parents) .... à Toulouse. Comme ça, quand les enfants vont voir leurs grands-parents, ils traversent toute la France.

3 Les complétives.
Complétez ces phrases. Cochez la ou les proposition(s) correcte(s).

1. Je voudrais que
   ☐ les remboursements sont moins importants.
   ☐ je peux visiter le studio.
   ☐ les travaux soient finis au mois de mars.

2. Elle pense que
   ☐ nous n'ayons pas assez d'argent.
   ☐ tout se passera bien.
   ☐ vous avez acheté un appartement trop grand.

3. Il est important que
   ☐ vous réfléchissiez avant de prendre une décision.
   ☐ vous voyiez plusieurs fois l'appartement.
   ☐ nous nous sentons bien.

4. Il faudrait que
   ☐ nous attendions encore un peu.
   ☐ vous écrivez à la banque.
   ☐ le prêt est accordé.

5. Il nous dit que
   ☐ la maison soit en très bon état.
   ☐ nous allons faire une bonne affaire.
   ☐ nous devons prendre une assurance.

Compréhension orale

4 L'incitation et la plainte.
Écoutez ces phrases et cochez la bonne case.

	1	2	3	4	5	6	7	8
Incitation								
Plainte								

5 La maison des oliviers.
Écoutez l'enregistrement et répondez aux questions.

1. Quand M. Mandel a-t-il pris sa retraite?...

2. Est-il présent pendant la conversation?...

3. Dans quelle région cette maison se trouve-t-elle?...

4. M. et Mme Mandel habitent-ils toute l'année dans cette maison?.................................

5. Pourquoi ont-ils choisi cette région?...
....

6. Ont-ils visité beaucoup de maisons avant de trouver celle-ci?......................................
....

7. L'ont-ils aimée tout de suite?...

8. Combien y a-t-il de pièces dans cette maison?...
....

9. Les Mandel ont-ils des enfants?...
....

10. Qu'est-ce qui leur plaît le plus dans cette région?...
....
....

11. Que dit Mme Mandel des gens à Paris?...
....
....

6 Les Français aiment rester chez eux.
Écoutez cet enregistrement et répondez aux questions.

1. Aujourd'hui, les Français dépensent-ils beaucoup d'argent pour leur lieu d'habitation? ....
....
....

2. Que pensent-ils de l'environnement? ....
....

3. Que veulent les Français quand ils cherchent un logement? ....
....

4. La majorité des Français vivent-ils dans un appartement? ....

5. Que peut-on faire sans sortir de chez soi? ....
....
....

6. Aujourd'hui, les Français montrent-ils leur réussite sociale par leur appartement? ....
....
....

7. Qu'est-ce qui a changé depuis les années 80? ....
....
....

Compréhension et expression écrites

7 **Lisez cet article puis répondez aux questions suivantes sans copier le texte.**

Jusqu'au mois de septembre dernier, Lucie M. habitait chez ses parents en Normandie. M. et Mme M. ont une grande et belle maison, dans un parc magnifique à 10 kilomètres de Rouen. Lucie y est née et elle a toujours vécu là. Elle a fait ses études au lycée de Rouen où elle se rendait chaque jour grâce à l'autobus scolaire. Mais depuis deux mois, Lucie a changé de vie. En effet, elle a choisi de partir faire ses études de pharmacie à Paris. Elle a donc cherché une petite chambre pour se loger. Le trajet quotidien Rouen-Paris-Rouen est trop long et une cause de fatigues inutiles. Après avoir lu les journaux de petites annonces, rencontré plusieurs agents immobiliers, visité une dizaine de chambres et de studios qui étaient soit sales, soit sans soleil, soit trop chers, elle a fini par trouver ce qu'elle cherchait.

Aujourd'hui, Lucie habite une chambre de 15 m² au sixième étage dans le VIIᵉ arrondissement. Elle paie un loyer de 2 500 francs par mois, charges comprises – ce qui n'est pas ruineux pour Paris – mais quand elle pense au beau deux-pièces que ses amis louent pour le même prix à Rouen! Elle regrette la grande chambre qu'elle occupait chez ses parents, et sa famille lui manque souvent. Pourtant le quartier lui plaît avec ses grandes avenues bordées d'arbres. Et puis, de sa chambre, elle peut même apercevoir le haut de la Tour Eiffel!

Dans sa chambre, qui est équipée d'un coin cuisine et d'une salle de douche-WC, elle a eu tout juste la place d'installer un lit, un bureau et quelques affaires personnelles: une mini-chaîne stéréo, pour écouter un peu de musique, des livres et ses vêtements. Lucie a décoré sa chambre à son goût et elle commence à se sentir un peu moins seule à Paris (elle a déjà quelques amis à la fac) mais elle n'est jamais aussi contente que le vendredi soir quand elle prend le train pour rentrer à Rouen, chez papa-maman!

a. Compréhension globale.

1. Où Lucie habitait-elle avant le mois de septembre ? ....
....
....

2. Pourquoi est-elle venue à Paris ? (Donnez deux raisons.) ....
....
....

3. Qu'a-t-elle fait pour trouver un logement ? ....
....
....

4. Où vit-elle maintenant ? ....
....
....

5. Comment est son logement ? ....
....
....

6. Qu'aime-t-elle dans la vie à Paris ? ....
....
....

7. Que regrette-t-elle de la vie chez ses parents ? ....
....

b. Compréhension fine.

1. Retrouvez dans l'article un synonyme de :
   – aller ....
   – habiter ....
   – un grand jardin ....
   – cher ....
   – voir de loin ....

2. Expliquez les phrases suivantes :
   – Sa famille lui manque. ....
   – Le quartier lui plaît. ....

c. Lucie habite maintenant à Paris depuis plusieurs mois. Elle apprend que, dans son immeuble, un deux-pièces va être à louer. Elle écrit au propriétaire pour prendre des renseignements. Écrivez sa lettre. Elle pose des questions sur la date à laquelle l'appartement se libère, le montant du loyer, la grandeur des deux pièces, la salle de bains (avec douche), la vue (sur la Tour Eiffel).

Unité 7

Grammaire

1 **Le conditionnel.**
Complétez ces phrases avec les verbes suivants au conditionnel : se disputer, avoir, être, voir, prendre, consacrer.

1. Je pensais qu'elle .... plus de temps à sa famille si elle travaillait moins !

2. Si tu laissais les enfants regarder la télé, ils .... moins.

3. Vous m'avez dit que vous .... le directeur dès qu'il rentrerait de voyage.

4. À ta place, je .... un peu plus de temps pour m'occuper de moi !

5. Nous .... plus épanouis si nous vivions à la campagne.

6. Tu .... un emploi du temps moins chargé si tu t'organisais mieux.

2 **Le plus-que-parfait.**
Répondez sur le modèle suivant (attention à l'accord des participes passés).

• *Exemple :* – Vous pouvez signer cette lettre ?
– Mais je l'avais déjà signée avant de partir.

1. Il peut organiser ses rendez-vous ? ....

2. Nous pouvons obtenir une aide ? ....

3. On peut présenter ces activités ? ....

4. Tu peux passer cet examen ? ....

5. Elles peuvent arrêter leurs études ? ....

3 **Le discours rapporté (rappel).**
Rapportez le récit de la vie de Mireille au présent. Faites les transformations nécessaires.

« À 36 ans, j'élève notre fils de 18 mois et nous souhaitons avoir un deuxième enfant. J'ai travaillé une douzaine d'années avant de m'arrêter. Mon mari était d'accord parce qu'il a un bon poste et il gagne bien sa vie. Au début, j'ai profité de cette situation, puis j'ai commencé à m'ennuyer. Un jour, j'ai compris que dans cette société, il faut gagner de l'argent pour être reconnu. Alors, quand notre fils aura l'âge d'aller à l'école, je reprendrai peut-être un emploi… »

Mireille dit qu'à 36 ans, elle élève leur fils de 18 mois et qu'ils ....

....

....

....

....

....

....

....

....

4 **La concordance des temps.**
Rapportez le récit de Mireille au passé.

Mireille a dit qu'à 36 ans, elle élevait leur fils de 18 mois et qu'ils ....

....

....

....

....

....

....

....

5 **L'expression de la durée.**

a. Complétez ces phrases par depuis **ou** il y a.

1. Elle n'a pas cessé de travailler .... qu'elle s'est mariée. .... dix ans
qu'elle est journaliste et elle aime toujours autant son métier.

2. Michèle a trouvé un poste de caissière. Pour elle, c'est un peu difficile car ....
deux ans qu'elle s'occupait de sa maison. Mais .... le mois dernier, ça va beaucoup mieux.

3. .... qu'elle a perdu son emploi, elle est beaucoup plus détendue. ....
des années que je ne l'avais pas vue si épanouie ! .... deux mois, ce n'était pas la
même femme !

b. Complétez ces phrases par à partir de, pendant (que), depuis (que), il y a (que).
(Parfois, il y a plusieurs possibilités.)

1. .... j'ai arrêté de travailler, j'ai parfaitement organisé ma vie : je sors, je vois mes
amis et j'ai recommencé la musique. J'ai étudié le piano .... six ans quand j'étais
jeune mais j'avais complètement cessé de jouer. Je crois même que .... du mois
prochain, je vais reprendre des cours !

2. Notre fille a étudié la comptabilité .... deux ans. .... quelques mois,
elle a trouvé un emploi à Bernay et maintenant, ... elle travaille, elle veut préparer un diplôme d'expert comptable. Alors, ... septembre, elle va vivre à Caen.

3. .... nous avons une jeune fille au pair, la vie de la famille est beaucoup mieux organisée. .... longtemps que je cherchais une fille bien et .... Teresa vit à la maison, tout a changé. Elle s'occupe très bien des enfants et .... ils sont à l'école, elle prend des cours de français. Malheureusement, elle ne sera plus là .... mois de juillet !

Compréhension orale

6 La réprobation et le conseil.
Écoutez ces phrases et cochez la bonne case.

	1	2	3	4	5	6	7	8
La réprobation								
Le conseil								

7 Garde d'enfants à domicile.

a. Écoutez ce dialogue puis répondez aux questions suivantes.

1. Comment Mélanie est-elle gardée ? ....
....

2. Que fait la jeune femme avec Mélanie ? ....
....

3. Quelle est la profession de ses parents ? ....
....

4. Pourquoi ses parents ont-ils choisi cette solution ? ....
....

5. La garde de Mélanie leur coûte-t-elle cher ? ....
....

b. Réécoutez l'enregistrement et notez les avantages et les inconvénients d'une garde à domicile et d'une halte-garderie.

	Garde à domicile	Halte-garderie
Avantages	....	....
	....	....
Inconvénients	....	....
	....	....

8 Lisez ce texte et répondez aux questions.

Les femmes et le travail

En France, 60 % des femmes travaillent mais elles ne sont pas encore les égales des hommes dans le travail. Les femmes sont beaucoup plus souvent au chômage et le restent beaucoup plus longtemps que les hommes. Elles ont aussi plus souvent un emploi à temps partiel et sans l'avoir choisi, c'est le cas de 32 % des femmes contre 6 % des hommes. Même quand elles ont fait des études (elles représentent 56 % des étudiants à l'université), elles occupent des postes moins importants que les hommes. Et il faut ajouter qu'avec le même diplôme, beaucoup d'entre elles sont moins payées que leurs collègues masculins. Pourtant, les femmes qui ne travaillent pas à la fin de leurs études sont de plus en plus rares. Les femmes célibataires sont celles qui travaillent le plus, elles représentent 70 % de celles qui ont un emploi. Et les femmes qui ont des enfants sont de moins en moins nombreuses à s'arrêter de travailler. Heureusement, le nombre de femmes qui occupent des postes importants augmente mais il y a encore peu de femmes qui dirigent de grandes entreprises et, en politique, elles sont rares.

Aujourd'hui, la majorité des femmes veulent travailler et le modèle qui domine est celui du couple où les deux personnes travaillent, ce sont les deux tiers d'entre eux, mais les femmes ne sont pas d'accord avec les hommes sur la place du travail dans la vie ni sur la manière dont il est organisé. Il faut savoir aussi que les femmes qui ont une profession travaillent quatre à cinq heures par jour à la maison en plus de leurs activités professionnelles.

Sources : INSEE

a. **Compréhension globale.**

1. Y a-t-il moins de chômeuses ou moins de chômeurs en France ? ....

2. Y a-t-il plus d'hommes ou plus de femmes qui travaillent à temps partiel ? ....

3. À l'université, les filles sont-elles plus nombreuses que les garçons ? ....

4. Peut-on dire : à travail égal, salaire égal ? ....

5. Beaucoup de femmes font-elles de la politique en France ? ....

6. Parmi les femmes mariées, y a-t-il beaucoup de femmes qui ne travaillent pas ? ....
   ....

7. Sur quoi les hommes et les femmes ont-ils des opinions différentes ? ....
   ....
   ....

b. Reliez par une flèche les expressions de sens équivalent.

1. Être au chômage
2. Être moins payé
3. Augmenter
4. Être rare
5. Choisir
6. Diriger
7. Un emploi

a. Être de plus en plus grand
b. Être en petit nombre
c. Faire un choix
d. Un travail
e. Gagner moins
f. Être sans emploi
g. Être à la tête de

c. Dans ce texte retrouvez 3 mots qui sont proches ou équivalents du mot « travail ».

....

9 **Lisez ce texte et répondez aux questions.**

ne femme député

Dans le couple X..., c'est madame X... qui s'est présentée comme député aux dernières élections législatives de 1997 et elle a été élue.

Madame, que pensez-vous de l'égalité entre les hommes et les femmes ?
– Je suis comme beaucoup de femmes et je préférerais que les choses se fassent naturellement, mais quand mon mari et mes amis m'ont dit : « C'est le moment de faire de la politique », j'ai accepté et je me suis engagée à être député à plein temps et c'est vrai que je souhaiterais que les journées aient 48 heures pour faire tout ce qu'il y a à faire.

Les gens vous voient aussi dans des lieux où ils ne verraient pas souvent des hommes, par exemple, vous allez au supermarché, ce que toute femme fait, et c'est là que vous rencontrez des gens.
– Oui, c'est vrai, il y a quelques jours, j'ai rencontré une femme qui avait des choses à me demander dans un magasin près de chez moi où je vais souvent le samedi en fin d'après-midi, elle m'a vue et elle m'a parlé ; elle n'était pas venue à mon bureau. Et souvent, je consacre trois quarts d'heure, dans ce magasin, à répondre à des questions, à parler avec des gens.

Est-il difficile pour vous d'avoir une vie professionnelle et une vie familiale ?
– Oui, c'est très difficile, nous avons des enfants, et quand une femme a un poste important en politique ou dans une entreprise, il faudrait qu'elle joue quatre rôles : la femme publique, la femme sociale, la femme mère et la femme femme, et c'est absolument impossible. Alors, en accord d'ailleurs avec mon mari, j'ai choisi de ne pas être la femme sociale, c'est-à-dire la femme qui reçoit, qui accepte des dîners et qui sort beaucoup. C'est pour moi la seule façon d'avoir un peu de temps pour mes enfants et pour mon mari. (DR)

1. Que fait madame X... ? ....
2. A-t-elle des enfants ? ....
3. Où rencontre-t-elle souvent des gens qui viennent lui parler ? ....
4. Son travail lui prend-il beaucoup de temps ? ....
5. Est-ce difficile pour elle d'avoir cette activité professionnelle et une famille ? ....
6. Quel rôle a-t-elle décidé de ne pas avoir ? ....
7. Pourquoi ? ....
8. Qui lui a conseillé de se présenter aux élections de 1997 ? ....

10 **En utilisant les informations des documents écrits des exercices 8 et 9, écrivez un court article sur le travail des femmes.**

Unité 8

Grammaire

1 Le conditionnel.
Complétez ces phrases par les verbes entre parenthèses au conditionnel.

Nous (pouvoir) .... avoir un animal à la maison mais vous (devoir) ....

vous occuper de lui : lui donner à manger et le promener tous les jours. Et quand nous (aller)

.... en vacances à l'étranger, qui le (garder) .... ? Il ne (venir)

.... pas avec nous, bien sûr, et ce (être) .... difficile de le faire garder !

Non, vraiment, nous (avoir) .... trop de problèmes avec un animal chez nous !

2 La condition.

**a. La condition réalisable. Exprimez une condition en réponse à ces faits.
Employez les éléments entre parenthèses.**

> • *Exemple :* Nous n'avons pas d'animal à la maison et notre fils se sent seul. (si)
> → Si, un jour, vous avez un animal à la maison, votre fils se sentira moins seul.

1. Nous habitons en ville et la vie est difficile pour nos jeunes enfants. (au cas où)

   → ....

2. Je n'ai pas beaucoup de temps pour préparer les repas et nous avons une alimentation peu
   équilibrée. (à condition que)

   → ....

3. Je suis célibataire et je sors souvent avec mes amis. (au cas où)

   → ....

4. Mes voisins n'ont pas encore d'enfant et ils vont beaucoup au théâtre. (si)

   → ....

5. Nous ne voulons pas adopter de chat parce que nous voyageons très souvent. (au cas où)

   → ....

6. Mes parents refusent d'avoir un animal à la maison. Ils les trouvent toujours trop gros.
   (à condition que)

   → ....

**b. La condition non réalisée dans le présent.
Complétez les phrases suivantes à partir des éléments donnés.**

1. Actuellement, si ma grand-mère avait un chat, elle (s'occuper) ....

2. Si je (acheter) .... un chien, il devrait m'obéir.

3. Si ce chien était plus affectueux, nous (garder) ....

4. Vous (avoir) .... un chien si vous (habiter) .... ?

5. Si tu (décider) .... d'abandonner nos chats, je te (quitter) ....

6. Le chat (ne pas les réveiller) .... s'il (dormir) ....

3 L'hypothèse.
Exprimez des hypothèses sur les faits suivants. Employez peut-être **ou le verbe**
devoir.

- *Exemple :* Ils ont acheté un chat de race ; il est magnifique. (payer)
      Ils l'ont peut-être payé très cher. Ils ont dû le payer très cher.

1. Le chat de Marie n'est pas rentré depuis deux jours. (se perdre)

....

2. Notre hamster n'a pas l'air en forme. (être malade)

....

3. Nous avons trouvé un chien mais il a très peur. (être brutalisé)

....

4. Ton chat a mangé tout un paquet de boulettes. (ne pas manger)

.... depuis longtemps.

4 La place des pronoms compléments.
Répondez aux questions et remplacez les noms compléments par des pronoms.

1. Donnez-vous de la viande et des légumes à votre chat ?

Oui, ...

2. Faites-vous faire une promenade tous les jours à votre chien ?

Oui, ...

3. Brossez-vous votre chat souvent ?

Non, ...

4. Laissez-vous vivre vos hamsters en liberté chez vous ?

Non, ...

5. Pouvez-vous donner à ma voisine le numéro de téléphone du refuge ?

Oui, ...

6. Voudriez-vous faire porter ce collier à votre chat ?

Non, ...

7. Aimeriez-vous offrir ce hamster à vos jeunes cousines ?

Oui, ...

Compréhension orale

5 L'impatience et la concession.
Écoutez ces phrases et cochez la bonne case.

	1	2	3	4	5	6	7	8
L'impatience								
La concession								

6 Alphonse le hamster.
Écoutez cet enregistrement puis répondez aux questions suivantes.

1. Pourquoi trouve-t-on aujourd'hui beaucoup de hamsters dans les familles françaises ?
....

2. Pour quelle occasion Jean-Michel a-t-il eu ce cadeau ? ....
....

3. Pourquoi l'arrivée de cet animal a-t-elle posé des difficultés ? ....
....

4. Au début, comment Jean-Michel a-t-il organisé la vie d'Alphonse ? ....
....

5. Quels changements se sont produits dans la maison ? ....
....

7 Adoption.
Écoutez cet enregistrement puis répondez aux questions suivantes.

1. Quelles sont les caractéristiques physiques de Teddy (âge, race, taille, couleur...) ? ....
....

2. Quel est son caractère ? ....
....

3. Pourquoi a-t-il été abandonné ? ....
....

4. Comment se sont passés ses premiers mois ? ....
....

5. Quelles personnes pourraient adopter ce chiot ? Pourquoi ? ....
....

6. Que faut-il faire pour l'adopter ? ....
....

8 Lisez ce texte et répondez aux questions.

NICOLAS ET SES CHIENS

À trente-six ans, Nicolas Vanier a décidé de traverser le Grand Nord canadien avec douze chiens exceptionnels. Il va parcourir huit mille kilomètres de l'océan Pacifique à l'océan Atlantique et son aventure va durer trois mois et demi. Sa meute est composée de douze chiens qui ont de trois à six ans. Ils ont été élevés en liberté et ont suivi un entraînement depuis leur plus jeune âge, on les a fait courir sur de petites distances puis sur des distances de plus en plus longues. Nicolas Vanier explique qu'il y a deux types de chiens nordiques : ceux qui sont rapides et ceux qui sont résistants au froid, et il a les deux. Il partage la même envie de courir et la même passion pour la découverte que ses chiens. Mais, même s'ils sont proches de l'homme et très affectueux, ils restent aussi sauvages et indépendants.

Pendant la course, Nicolas Vanier s'arrête toutes les huit heures et il doit passer au moins cinq minutes par chien à chaque arrêt, car la relation avec la meute est facile mais la relation avec chaque chien demande beaucoup plus d'attention.

D'après 30 millions d'amis, avril 1999.

1. Quel pays Nicolas Vanier va-t-il traverser ? ....

2. Combien de chiens y a-t-il dans sa meute ? ....

3. Citez quatre adjectifs qui caractérisent ces chiens. ....

4. Sont-ils habitués à la course ? ....

5. Sont-ils proches des hommes ? ....

6. Nicolas Vanier s'arrête-t-il souvent pendant sa course ? ....

7. La relation qu'il a avec chaque chien est-elle la même qu'avec toute la meute ? ....

....

9 Lisez ce texte et répondez aux questions.

Comme c'est triste une maison sans chien !

Stéphanie Marty, son mari et ses deux enfants venaient de passer une journée magnifique. Ils avaient fait un pique-nique dans la forêt près d'Angers, puis Gérard avait joué au ballon avec ses enfants et ils avaient décidé de rentrer chez eux. Mais au moment de monter dans la voiture, Léon, leur chien, avait disparu. Tout le monde a cherché Léon, l'a appelé, mais pas de Léon. Il était 20 heures, il faisait nuit et la famille Marty a alors décidé de rentrer, sans Léon. Dans la voiture, personne ne parlait, chacun pensait à Léon, le compagnon de la famille depuis cinq ans. Les jours suivants, la famille était bien triste, chaque fois que le téléphone sonnait, tout le monde voulait décrocher, mais il n'y avait pas de nouvelles de Léon. Au bout d'une semaine, ils ont pensé qu'ils ne reverraient plus jamais leur chien. Un soir, pendant le dîner, on a sonné à la porte, c'était Léon ! Sylvain, un jeune homme d'environ quinze ans, leur a raconté comment il avait trouvé leur chien sur la route au bord de la forêt. Après l'avoir ramené chez lui, il s'était demandé comment il allait retrouver ses maîtres. Il a eu l'idée de promener Léon chaque soir dans un quartier différent d'Angers pour voir s'il reconnaîtrait son adresse. Et ce soir-là, c'est ce qu'il a fait. Bravo Léon !

D'après Maxi, n° 612, 1999.

a. Compréhension globale.

1. De quoi s'agit-il dans cette histoire ? ....

   ....

2. Que s'est-il passé quand les Marty ont voulu quitter la forêt ? ....

   ....

3. Qu'avaient-ils fait dans la forêt ? ....

   ....

4. Au bout de combien de temps ont-ils revu Léon ? ....

   ....

5. Qui a ramené Léon ? ....

   ....

6. Où Sylvain a-t-il trouvé Léon ? ....

   ....

b. Compréhension plus fine.

1. Depuis combien de temps la famille Marty avait-elle ce chien ? ....

   ....

2. Les Marty pensaient-ils retrouver leur chien ? ....

   ....

3. Qu'a fait le jeune Sylvain quand il a trouvé Léon ? ....

   ....

4. Comment Sylvain a-t-il retrouvé l'adresse des Marty ? ....

   ....

c. Associez les expressions de sens proche.

1. Pendant   a. S'en aller

2. Décrocher   b. Avoir l'idée de

3. Manger sur l'herbe   c. Identifier

4. Disparaître   d. Faire un pique-nique

5. Penser   e. Répondre au téléphone

6. Reconnaître   f. Durant

10 À vous !
Vous avez un chien. Écrivez quelques lignes pour expliquer comment vous vous occupez de lui. Utilisez les expressions : tatouer, mettre un collier, promener, brosser, nourrir, jouer, couverture…

....

....

....

Unité 9

Grammaire

1 **La condition non réalisée dans le passé.**
Faites des phrases exprimant le regret :

Attention !

La condition non réalisée dans le passé peut exprimer des regrets. Elle est formée avec *si* + verbe au plus-que-parfait suivi d'un verbe au conditionnel passé.
Si j'avais pu, j'aurais étudié plusieurs langues.
Remarques : le plus-que-parfait est un temps du passé qui marque une action antérieure à celle exprimée par un passé composé ou un imparfait.
Il est composé de l'auxiliaire à l'imparfait, suivi du participe passé.
L'emploi de l'auxiliaire et les règles d'accord du participe passé sont les mêmes que pour le passé composé.

1. S'inscrire dans ce club de sport / ne pas grossir / je

   ....

2. S'arrêter de fumer / ne pas être malade / tu

   ....

3. Faire des études / obtenir ce poste intéressant / vous

   ....

4. Accepter ce travail / avoir une vie professionnelle plus motivante / ils

   ....

5. Savoir parler anglais / voyager dans le monde entier / on

   ....

2 **Le reproche.**
Exprimez des reproches à partir des éléments suivants. Employez il fallait (que) **ou le verbe** devoir **au conditionnel passé.**

1. Il n'a pas fait changer son pot d'échappement quand il est allé au garage.

   → ....

2. Cette nuit, nous n'avons pas eu le temps de noter le numéro d'immatriculation du camion responsable de l'accident.

   → ....

3. La semaine dernière, vous ne vous êtes pas présentés au commissariat de police comme témoins.

   → ....

4. Hier soir, sur l'autoroute, tes amis n'ont pas respecté les panneaux de sécurité.

   → ....

5. Je n'ai pas écrit à mes grands-parents le mois dernier.

   → ....

3 L'obligation et l'interdiction.
Reformulez ces phrases et employez des expressions différentes pour marquer l'obligation et l'interdiction.

• *Exemples:* Ne pas marcher sur les plantes / tu → Il ne faut pas que tu marches sur les plantes.
Faire respecter la nature → Il est important de faire respecter la nature.

1. Obéir aux conseils de sécurité / vous

....

2. Bien regarder des deux côtés avant de traverser / les enfants

....

3. Attendre le feu rouge pour avancer

....

4. Ne pas effectuer de dépassement dans les villes

....

5. Rouler à la vitesse autorisée / les automobilistes

....

4 **Les articulateurs. Complétez ces phrases avec:** cependant, effectivement, c'est pourquoi, donc, en effet, d'ailleurs.

> Chère Véronique,
>
> Nous passons des vacances merveilleuses ; .... les vacances
> sont toujours agréables. Nous sommes allés à l'île de Groix et nous avons eu
> de la chance avec le temps : ...., il a fait un temps magni-
> fique. ...., nous avons pu faire de belles promenades au
> bord de la mer. ...., nous avons été obligés de partir au
> bout de trois jours parce que les hôtels étaient complets. ....
> nous avons traversé la Bretagne et nous sommes allés dans les côtes
> d'Armor ; c'est superbe, ..., sur la côte de Granite rose, on a
> trouvé facilement une chambre d'hôtel. Malheureusement, c'est bientôt la
> fin des vacances, ..., nous sommes déjà le 25 août. J'espère
> que tu as passé un bon mois d'août. À bientôt, je t'embrasse.
>
> Anne

Compréhension orale

5 Le soutien et le reproche.
Écoutez ces phrases et cochez la bonne case.

	1	2	3	4	5	6	7	8
Le soutien								
Le reproche								

6 Protéger l'environnement.
Écoutez cet enregistrement puis répondez aux questions suivantes.

1. De quelles pollutions parle-t-on dans cette annonce radio ?

....

....

2. La protection de l'environnement est-elle seulement l'affaire de l'État ?

....

....

3. Que peut-on faire pour limiter la pollution…

de la nature ....

....

de l'eau ....

....

de l'air ....

....

par le bruit ....

7 Circulation en alternance à Paris.
Écoutez cet enregistrement puis répondez aux questions suivantes.

1. Quel est le sujet de cette information ?

....

....

2. À qui s'adresse-t-elle ?

....

....

3. Quand cette organisation a-t-elle lieu, où et pourquoi ?

....

....

Compréhension et expression écrites

8 Lisez ce document et répondez aux questions.

Les forêts du monde malades à cause de l'homme

AUJOURD'HUI, les forêts couvrent 30 % de la surface de la terre, un peu plus de la moitié est constituée de forêts tempérées et le reste sont des forêts tropicales. Mais, chaque année, une surface de forêt égale au tiers de la France disparaît.

En effet, presque toutes les forêts dans le monde portent la marque de l'homme ; quelques forêts seulement n'ont pas encore été touchées par celui-ci, en Scandinavie, en Pologne et à Madagascar.

Au plan écologique, les forêts, nous le savons, jouent un rôle très important puisqu'elles prennent le gaz carbonique de l'air et qu'elles rejettent de l'oxygène.

Au plan économique, les forêts sont de plus en plus exploitées car l'augmentation de la population mondiale provoque une augmentation des besoins en bois, souvent pour cuire les aliments, dans les pays en développement. Cependant, ce sont les pays développés qui consomment 85 % du bois dans le monde.

La destruction des forêts tropicales est un grave problème car elle entraîne la sécheresse. Et en Europe, la surface des forêts augmente de 1 % par an, mais on constate une diminution du nombre des espèces et elles sont atteintes par la pollution qui abîme les feuilles des arbres.

Des associations écologiques essaient d'informer les gens sur ces problèmes mais, malheureusement, ce qu'elles font est encore très insuffisant pour empêcher la destruction des forêts.

---

1. Quels sont les deux types de forêts qu'on trouve dans le monde ?

....

2. Y a-t-il beaucoup de forêts qui n'ont pas été exploitées par l'homme ?

....

3. Quel rôle jouent les forêts au plan écologique ?

....

4. Pourquoi les besoins en bois sont-ils de plus en plus importants ?

....

5. Que provoque la destruction des forêts tropicales ?

....

6. Les forêts augmentent-elles en Europe ? ....

7. Que constate-t-on dans les forêts en Europe ? ....

....

8. Qui essaie d'informer les gens sur ce problème ? ....

9 a. Lisez ce texte et répondez aux questions.

LA TERRE SE RÉCHAUFFE

Les vingt dernières années de notre siècle ont été les plus chaudes depuis au moins six cents ans. En effet, en cent trente ans, la température a augmenté de 0,5 degré et on pense qu'elle augmentera de 1 à 3,5 degrés d'ici à 2100. Le niveau de la mer s'est élevé de 10 à 15 centimètres depuis le début du XXe siècle et l'évaporation de l'eau de la mer provoque des cyclones et des inondations dans le nord de l'Europe et aux États-Unis. En même temps, dans le sud de l'Afrique, les années 90 sont les plus sèches. Et, dans le bassin méditerranéen, les températures montent jusqu'à 50 °C. De telles températures sont la cause de nombreuses maladies de cœur et provoquent des morts : il y a eu 500 morts à Chicago en 1995 et 2600 en Inde en 1998.

Les pays les plus riches sont les premiers responsables de cette situation puisqu'ils rejettent beaucoup de gaz polluants. Il y a eu une première rencontre des dirigeants de ces pays à Rio en 1992, puis une deuxième rencontre à Berlin en 1995, et enfin une troisième à Kyoto en 1997 ; ces pays ont promis de diminuer les gaz polluants, mais c'est à chacun de nous de faire, chaque jour, certains gestes écologiques.

1. De quoi ce texte parle-t-il ? ....

2. Qu'est-ce qui a changé depuis le début du XXe siècle ? ....

3. À quoi sont dus les cyclones et les inondations en Europe et aux États-Unis ? ....
....

4. Que se passe-t-il en Afrique ? ....

5. Pourquoi y a-t-il eu beaucoup de morts à Chicago en 1995 et en Inde en 1998 ? ....
....

6. Qui sont les premiers responsables de cette situation ? ....
....

7. Les dirigeants des pays riches se sont-ils rencontrés pour parler de ces problèmes ? ....
....

b. Dans ce texte, quels verbes expriment une idée de changement ?

....

c. Associez les contraires :

1. Se réchauffer	**a.** Rester le même
2. Augmenter	**b.** Ouvrir
3. S'élever	**c.** Descendre
4. Monter	**d.** Se refroidir
5. Fermer	**e.** Diminuer
6. Changer	**f.** Baisser

10 Rédigez un petit texte sur les changements qui ont eu lieu dans votre pays ces dix dernières années dans l'environnement.

Unité 10

Grammaire

1 **La cause.**

a. Complétez ces phrases par des expressions de cause (les verbes: provoquer, être dû à, causer**; les expressions:** comme, puisque, parce que, ce n'est pas parce que…, que, à cause de, en raison de**). (Plusieurs possibilités parfois.)**

1. Le tabac .... des maladies graves.

2. .... il avait mal au dos depuis plusieurs jours, il est allé chez le médecin.

3. Cet homme a été condamné à 3 mois de prison .... il avait volé de la nourriture dans un supermarché.

4. .... tu n'as jamais le temps de m'écrire, téléphone-moi!

5. .... il fait très beau ce week-end, il y aura de nombreux automobilistes sur les routes dimanche soir.

6. .... tu as arrêté de fumer .... il faut être désagréable.

7. L'explosion de l'immeuble .... à une cigarette mal éteinte.

8. .... des pluies très fortes, nous vous conseillons de rouler avec prudence.

9. Il a déménagé .... son travail.

10. L'incendie .... la mort de quatre personnes et .... de nombreux dégâts.

b. Réécrivez ces phrases en rejetant les arguments proposés. Utilisez ce n'est pas parce que… que **et** sous prétexte que…

1. Il fait froid. Nous allons rester dans la maison toute la journée.

....

2. Ton frère fume: il faut que tu fumes toi aussi.

....

3. Martine n'est pas allée à son travail: elle était malade.

....

4. Quand on va au café boire un verre, il ne paie jamais: il n'a pas d'argent.

....

5. Elisa n'invite plus personne à dîner : elle est au régime.

....

c. Refaites ces phrases en utilisant : comme, parce que **ou** puisque.
Faites les transformations nécessaires.

1. Monsieur Pasquier marche lentement à cause de son grand âge.

....

2. La pollution des villes provoque des maladies respiratoires chez les enfants et les personnes âgées.

....

3. Ta bonne santé est due à ton alimentation équilibrée.

....

4. Mademoiselle Duchamp a obtenu un poste à Berlin en raison de sa connaissance de l'Allemagne.

....

5. La route est interdite aux automobilistes en raison d'une course cycliste.

....

6. L'automobiliste a été arrêté par la police en raison d'un excès de vitesse.

....

2 **La conséquence. Réécrivez ces phrases pour exprimer une conséquence. Utilisez**
c'est pourquoi, donc, alors, aussi, si bien que. **(Plusieurs possibilités parfois.)**

1. Nous n'irons pas à la campagne parce qu'il pleut.

....

2. Comme elle fait de la gymnastique tous les jours, elle est en forme.

....

3. La route est bloquée parce qu'il y a eu un accident.

....

4. Ne m'attends pas parce que je rentrerai tard.

....

5. Comme il s'est cassé la jambe, il ne peut pas aller à son travail.

....

6. Il est allé voir l'exposition Rothko parce qu'il aime beaucoup ce peintre.

....

7. Comme Paul gardait les enfants, il n'est pas allé au cinéma.

....

3 Exprimez vos sentiments sur les faits suivants. Choisissez l'expression qui convient le mieux pour commencer la phrase (plusieurs réponses sont possibles parfois) : je ne supporte pas que, il est scandaleux que, je ne trouve pas normal que, je ne trouve pas raisonnable que.

1. Les enfants se couchent très tard. → ....

....

2. Mon mari ne fait rien à la maison. → ....

....

3. Il n'y a pas d'emplois pour les jeunes. → ....

....

4. Tu ne me préviens pas quand tu restes chez des copains le soir. → ....

....

5. Le gouvernement ne tient pas compte des souhaits des gens. → ....

....

6. Pour le même travail, les hommes sont souvent mieux payés que les femmes. → ....

....

Compréhension orale

4 La colère et l'indifférence.
Écoutez ces enregistrements et mettez une croix dans la bonne case.

	1	2	3	4	5	6	7	8
La colère								
L'indifférence								

5 Action humanitaire au téléphone.
Écoutez ces deux conversations téléphoniques et répondez aux questions.

1. Pourquoi le jeune homme téléphone-t-il à ces personnes ?

....

2. Y a-t-il eu des progrès dans la recherche contre le SIDA ?

....

3. A-t-on découvert un vaccin ?

....

4. Quand on donne de l'argent à cette association, tout l'argent est-il destiné aux laboratoires de recherche ?

....

5. L'homme accepte-t-il de donner de l'argent?

....

6. Envoie-t-il de l'argent à d'autres associations?

....

7. La femme accepte-t-elle de donner de l'argent? Pourquoi?

....

8. Cette femme est-elle contre ce genre d'association?

....

Compréhension et expression écrites

6 Lisez cet article puis répondez aux questions suivantes.

Les dangers de la cigarette

En Europe, on fume depuis le XVIᵉ siècle. Le tabac, comme la pomme de terre ou la tomate, est venu d'Amérique. C'est Jean Nicot qui l'a introduit en France. Il a laissé son nom à l'un des produits les plus dangereux contenus dans le tabac : la nicotine. Cette substance est un excitant qui provoque une accélération des battements du cœur. À très forte dose (environ dix mille fois plus que dans une cigarette), la nicotine peut provoquer la mort.

20 000 morts

Ce n'est pas le seul produit nocif contenu dans une cigarette. Le goudron est également à l'origine de cancers très graves : cancer du poumon, de la gorge ou de la langue. 20 000 personnes meurent chaque année, en France, à cause du tabac. La cigarette est dangereuse aussi pour les non-fumeurs qui sont au contact régulièrement avec des fumeurs. Ils respirent la fumée qui contient près de 3 000 produits différents dont l'oxyde de carbone, un des gaz émis par les pots d'échappement…

M.-A. K.

Mon Quotidien, 8 mars 1997.

---

1. D'où vient le tabac, quand l'a-t-on découvert en Europe?

....

2. Un des composants du tabac est la nicotine. Quelle est l'origine de ce mot?

....

3. Pourquoi ce composant est-il dangereux?

....

4. Un autre composant du tabac est le goudron. De quelle maladie est-il responsable?

....

5. Pourquoi le tabac est-il aussi dangereux pour les non-fumeurs?

....

6. Quelle relation peut-on faire entre la pollution par les voitures et la cigarette?

....

7 a. Lisez ces quatre positions puis répondez aux questions.

Allez-vous donner de l'argent pour le Téléthon ?

Jean Couton, 22 ans, chauffeur de taxi, Asnières
«Je ne me sens pas directement concerné. Les années précédentes non plus, je n'ai pas fait de dons. Je préfère donner directement à quelqu'un que je rencontre dans la rue et qui est vraiment dans le besoin. C'est aussi une question de confiance : l'argent ne va pas toujours, comme il le faudrait, à ces grandes causes. J'ai peur qu'il y ait beaucoup de pertes. Je ne regarde pas non plus l'émission à la télévision, mais c'est une bonne chose que ça existe.»

Michèle Butor, 36 ans, employée de banque, Paris
«Je ne donnerai pas pour le Téléthon. Je donne déjà aux Restos du Cœur, dans la rue, dans le métro et même à la banque ! Partout. Ça plus ça plus ça plus ça..., ça finit par faire beaucoup d'argent et je ne gagne pas beaucoup ! Pourtant, je trouve que le Téléthon est une bonne chose mais je regrette que l'argent de l'État ne puisse pas financer complètement la recherche médicale.»

Pierre Bacco, 22 ans, étudiant, Troyes
«Je suis élève dans une école d'ingénieurs et nous organisons une action à l'intérieur de l'école, avec une course et un match de football, pour obtenir des fonds pour le Téléthon. Je trouve que c'est une idée intéressante, c'est une façon dynamique de participer et de rendre service. Aider la recherche concerne tout le monde, soi-même, ses enfants, sa famille. Ça permet de sauver des vies humaines.»

Laure Dumont, 45 ans, directrice d'école, Nantes
«Pour moi, donner, c'est une façon d'être solidaire. Nous sommes tous concernés. Chaque année, avec des voisins, des collègues, on organise dans la salle des fêtes un tournoi de cartes avec participation financière. Et l'argent obtenu est destiné au Téléthon. L'année dernière, il y a eu 150 joueurs et on en attend plus cette année. Ça nous demande un énorme travail mais ça fait tellement plaisir d'aider les autres ! Alors, bien sûr, je fais un chèque, mais vous voyez que je paie aussi de ma personne !»

1. D'après ces interviews, qu'est-ce que le Téléthon (son but, sa forme, sa périodicité...) ?

....

....

....

2. Une critique est faite concernant l'État sur la recherche médicale. Laquelle ?

....

3. Parmi ces personnes, certaines refusent de participer à cette action. Lesquelles et pourquoi ?

....

....

4. D'autres personnes participent à cette action. Qui et sous quelle forme (ne recopiez pas le texte pour présenter leurs actions) ?

....

....

b. **Dans votre pays, peut-être existe-t-il ce genre d'actions humanitaires. Qu'en pensez-vous et êtes-vous prêt à y participer ? De quelle manière ?**

....

....

....

....

....

Unité 11

Grammaire

1 Exprimez le but de différentes façons, variez les formulations dans chaque phrase. Utilisez pour que, afin que, pour, afin de, de façon à, de manière à, avoir pour but de, avoir pour objectif de. (Plusieurs formulations sont parfois possibles.)

1. Les pays riches doivent prendre des mesures .... la pollution diminue.

2. Il faut souvent acheter plusieurs produits .... bénéficier d'une promotion.

3. La journée sans voitures .... faire comprendre les dangers de la pollution.

4. Le Téléthon est organisé .... les gens donnent beaucoup d'argent pour la recherche.

5. Nous faisons nos courses dans un supermarché .... dépenser moins.

6. Nous ne sommes pas partis en vacances pendant deux ans .... rembourser l'achat de notre maison.

7. Il est allé voir son banquier .... il lui accorde un prêt.

8. Avant de faire des achats, elle va dans plusieurs magasins .... comparer les prix.

2 Le gérondif.
Remplacez une partie de ces phrases par un gérondif.

1. Si vous changez vos habitudes, vous dépenserez moins.

....

2. Nous ferons quelques travaux, nous rendrons cette maison magnifique.

....

3. Elle a maigri parce qu'elle a fait un régime. ....

4. J'ai découvert qu'on m'avait volé mon portefeuille quand j'ai voulu payer avec ma carte de crédit.

....

5. Nous nous détendons quand nous écoutons de la musique.

....

6. C'est parce que j'ai lu ce livre que j'ai eu toutes ces informations.

....

7. Si on mangeait moins de sucre, on serait en meilleure santé.

....

3 Les participes.
Reformulez ces phrases en utilisant un participe présent ou une proposition participiale.

1. Le logement est devenu très important pour les Français, ils y dépensent beaucoup d'argent.

   → ....

2. Le vendeur était très désagréable, le client a décidé de se plaindre au directeur.

   → ....

3. Deux personnes ne sont pas libres ce jour-là, serait-il possible de changer la date de la réunion?

   → ....

4. Il travaille dans une agence de voyages, il a des tarifs intéressants.

   → ....

5. Tu as vu arriver la voiture en face de toi, tu aurais dû t'arrêter.

   → ....

6. Je n'aime pas les vêtements sophistiqués, je choisis toujours des vêtements simples.

   → ....

7. Nous ne travaillons plus ni l'un ni l'autre, nous avons décidé d'aller vivre à la campagne.

   → ....

Compréhension orale

4 La menace et l'incompréhension.
Écoutez ces phrases et cochez la bonne case.

	1	2	3	4	5	6	7	8
La menace								
L'incompréhension								

5 Les Français et la consommation.

a. Compréhension globale. Cochez la bonne case.

1. En France, les couples mariés sont
   ☐ plus nombreux.　　☐ moins nombreux.　　☐ aussi nombreux qu'avant.

2. Les enfants sont
   ☐ plus nombreux.　　☐ moins nombreux.　　☐ aussi nombreux qu'avant.

3. Les personnes âgées sont
   ☐ plus nombreuses　　☐ moins nombreuses.　　☐ aussi nombreuses qu'avant.

4. Les Français consomment
   ☐ plus qu'avant.　　☐ moins qu'avant.　　☐ autant qu'avant.

5. Les Français ont peur de l'avenir
   ☐ plus qu'avant.　　☐ moins qu'avant.　　☐ autant qu'avant.

b. Compréhension fine.

1. De quoi Catherine Bailly parle-t-elle ?

....

2. Par quoi la consommation est-elle influencée ?

....

3. De quoi les Français ont-ils peur ?

....

4. Les produits sans sucre, sans graisse, sans alcool ont-ils eu du succès ?

....

5. Les prix moyens des achats augmentent-ils ou diminuent-ils ?

....

6. Les Français aiment-ils faire la fête ?

....

6 Défense du consommateur.
Écoutez cet enregistrement et répondez aux questions.

1. Comment l'émission s'appelle-t-elle ? ....

2. Quel est le sujet de l'émission ? ....

3. Cet homme a-t-il été obligé de dîner au restaurant de l'hôtel ?

....

4. Un hôtelier peut-il obliger ses clients à prendre le petit déjeuner dans son hôtel ?

....

5. Quel conseil donne-t-on à l'homme qui téléphone ? ....

....

6. Les tarifs des hôtels doivent-ils être affichés ? Où ?

....

Compréhension et expression écrites

7 a. Lisez cet article puis répondez aux questions.

1. À qui ces cartes s'adressent-elles ? Précisez votre réponse.

....

....

....

....

Cartes Jeunes
des réductions et avantages
sur tous les plans

Réductions sur les spectacles, musées, restaurants, hôtels, locations de voiture, voyages… les cartes Jeunes sont une véritable aubaine pour les moins de 26 ans.

La carte Jeunes : vendue 120 F aux moins de 26 ans et agréée par le ministère de la Jeunesse et des Sports, elle offre des réductions dans tous les domaines : motos, voitures, cinémas, musées, hôtels, restaurants. Exemples : 1 place achetée = 1 place offerte dans tous les musées nationaux, sites et monuments historiques : 25 F pour la Cité des Sciences et de l'Industrie au lieu de 50 F ; 10 % sur la lingerie et le prêt à porter Etam ; 15 à 40 % sur les locations de voitures chez Budget… Mais aussi des abonnements à plus de 300 titres de presse aux prix les plus bas, des tarifs ultra préférentiels sur les portables, un service voyage à des conditions tarifaires uniques sur des vols réguliers pour plus de 3 000 destinations… et bien d'autres services encore, dont la couverture Europ Assistance gratuite. 3615 carte Jeunes.

La carte des mairies :
De nombreuses villes, surtout universitaires (Paris, Rennes, Montpellier…), proposent des cartes pour les moins de 25 ans donnant droit à des réductions sur les transports en commun, entrées dans les musées ou bibliothèques et des activités culturelles. Exemple : la ville de Montpellier édite des pass à 100 F permettant l'accès à 4 représentations annuelles de musique, théâtre, danse… et des concerts rock tout au long de l'année, pour 70 F en moyenne. Téléphonez à votre mairie ou à l'office de tourisme de votre ville.

La carte FUAJ :
La Fédération unie des auberges de jeunesse vend une carte 70 F pour les moins de 25 ans et 100 F pour les autres, qui donne accès à 6 000 auberges à travers le monde.
Exemple : hébergement (nuit et petit-déjeuner), 40 F ; de 120 à 210 F à Londres ; de 66 F à 144 F à New York… Et parfois de 5 à 50 % sur d'autres prestations (coiffeurs, loueurs de voiture ou vélo, tennis, musée…). Renseignements au 08 36 68 86 98 / 3615 FUAJ. ■

J'économise, n° 1, octobre 1998.

2. Ces cartes ne donnent pas toutes des avantages dans la même zone géographique. Quelles sont leurs différences ?

....

....

3. Dans quels domaines particuliers ces cartes proposent-elles des avantages ?

– la carte Jeunes : ....

– la carte des mairies : ....

– la carte FUAJ : ....

4. Comment et où peut-on les obtenir ?

....

5. Quelle carte vous semble la plus intéressante ? Donnez vos raisons.

....

b. Cet été, vous voulez voyager en France; vous avez pris votre carte FUAJ mais vous ne connaissez pas l'adresse des Auberges de Jeunesse en France. Vous écrivez une lettre au FUAJ pour obtenir cette liste, et vous demandez aussi des renseignements sur le prix des nuits et des repas dans les auberges.

8 **a. Lisez cet article puis répondez aux questions.**

Allô-stop
la bonne solution

Voyager en stop en réservant son départ...
simple, pratique et pas cher.
Bonne route.

Quoi? Une association qui met en contact automobilistes et voyageurs, permettant ainsi aux premiers de partager les frais de transport et aux seconds de se déplacer en France et en Europe à moindre prix. Si vous êtes automobiliste, vous laissez votre proposition de destination à Allô-stop par téléphone ou Minitel. Si vous êtes voyageur, vous vous renseignez sur les possibilités de trajets en téléphonant quelques jours avant votre départ, et vous réservez. Puis vous contactez l'automobiliste et fixez un rendez-vous.

Combien? Les automobilistes paient une cotisation annuelle de 35 F. Les passagers, eux, paient pour chaque voyage une cotisation qui varie selon les distances: de 30 F pour moins de 200 km jusqu'à 70 F pour plus de 500 km. Mais ils peuvent également s'abonner: 180 F pour huit trajets à faire en deux ans (soit 22,50 F par trajet). La participation aux frais est de 22 centimes par km et passager à régler à l'automobiliste au cours ou à la fin du voyage.

Quand? Toute l'année.

Notre avis: Un organisme sérieux, et l'occasion de découvrir une nouvelle façon de voyager très économique. Jugez par vous-même: un Paris-Hambourg, 195 F (en train de nuit direct il vous en coûterait 839 F); un Paris-Marseille, 169 F; un Nice-Toulouse, 125 F; un Paris-Amsterdam, 167 F; un Bordeaux-Madrid: 221 F. ■

J'économise, n° 1, octobre 1998.

1. Quels sont les avantages de cette solution?

....

2. Que faut-il faire pour voyager de cette façon...

– si vous êtes voyageur? ....

– si vous avez une voiture? ....

3. Expliquez sans copier le texte comment fonctionne cette organisation. Employez « il faut que vous... »

....

....

4. Ce service est payant. Comment cette association gagne-t-elle de l'argent?

....

....

b. Vous êtes jeune, vous n'avez pas beaucoup d'argent et vous voulez partir en voyage avec un(e) ami(e). Quelle solution préférez-vous : voyager en train avec la carte Jeunes ou réserver une place dans une voiture par l'association Allô-stop? Donnez les raisons de votre choix.

Unité 12

Grammaire

1 L'expression de la concession.
Réécrivez ces phrases en utilisant l'expression entre parenthèses.

1. Elle a fait six ans d'anglais, ma fille ne peut pas parler avec ses cousins de Londres. (bien que) → ....
....

2. Les Français étudient plusieurs langues au lycée, il est rare qu'ils en parlent une correctement. (même si) → ....
....

3. Les Français consomment moins. Ils ont toujours du plaisir à acheter et à faire la fête. (cependant) → ....
....

4. Mes enfants sont très contents de leur séjour linguistique en Allemagne. Ils n'avaient pas envie d'y aller. (pourtant) → ....
....

5. Le voyage s'est bien passé. Le temps était mauvais. (malgré) → ....
....

6. Son mari est grec et elle va souvent en Grèce, Claire ne parle pas grec. (bien que) (bien que)
→ ....

2 La concession conditionnelle.
Écrivez des phrases avec les éléments donnés.

1. Il / obtenir ce poste / sa femme / ne pas accepter de partir (quand bien même)
→ ....

2. Il / faire beau le week-end prochain / vous / aimer aller où ? (à supposer que)
→ ....

3. Tu / être plus jeune / tu / partir travailler à l'étranger ? (même si)
→ ....

4. Hier soir / je / arriver au début du film / je / ne rien comprendre à cette histoire compliquée (quand bien même)
→ ....

5. Les députés / proposer une nouvelle loi / elle / ne pas être acceptée sans de nombreux changements (à supposer que)

→ ....

6. Tu / se reposer quelques heures / il / ne pas être prudent de faire ce voyage en une seule journée (quand bien même)

→ ....

3 Les propositions participiales.
Remplacez les expressions en italique par des propositions participiales au présent ou au passé.

1. *Je n'ai pas répondu à sa lettre,* je n'ose pas lui téléphoner.

→ ....

2. *Georges ne connaissait pas votre numéro de téléphone,* il n'a pas pu vous prévenir à temps.

→ ....

3. *Elle a vécu dans plusieurs pays,* elle dit que c'est en Italie qu'elle se sent le mieux.

→ ....

4. *Marc n'a pas beaucoup de temps libre,* il lit dans le train.

→ ....

5. *Elle a terminé ses études assez jeune,* elle a ensuite voyagé pendant trois ans dans le monde entier.

→ ....

6. *J'avais marché plusieurs heures sans m'arrêter,* j'avais vraiment besoin de me reposer.

→ ....

Compréhension orale

4 Le regret et l'exaspération.
Écoutez ces phrases et cochez la bonne case.

	1	2	3	4	5	6	7	8
Le regret								
L'exaspération								

5 Une mini-école anglaise.
Écoutez cet enregistrement et répondez aux questions.

1. Madame Bisset est-elle française ? ....

2. Ses enfants parlent-ils français et anglais ? ....

3. Ses enfants sont-ils dans une école bilingue ? ....

4. Quelles sont les deux choses qui lui ont donné l'idée de créer cette école ? ....

....

5. Quel matériel peut-on trouver dans cette école ? ....

....

6. Au début, les cours s'adressaient à des enfants de quel âge ? ....

7. Cette école a-t-elle du succès ? ....

8. Maintenant, l'école offre-t-elle d'autres activités, lesquelles ? ....

....

....

9. Quel est le nouveau projet de madame Bisset ? ....

....

6 Apprendre l'anglais.
Écoutez cet enregistrement et répondez aux questions.

1. Quels sont les thèmes de la première méthode présentée *Ready to speak* ? ....

....

2. Cette méthode utilise-t-elle le français ? ....

3. Quel est le point négatif de cette méthode ? ....

....

4. La seconde méthode *Well said !* est-elle une méthode pour débutants ou pour élèves avancés ?

....

5. Peut-on corriger sa prononciation ? ....

6. Les erreurs de grammaire et de vocabulaire sont-elles corrigées ? ....

7. Pourquoi le plaisir est-il plus grand pour les élèves avancés ? ....

....

8. Quelle est la méthode la plus chère ?..

Compréhension et expression écrites

7 a. **Lisez le texte page 62 puis répondez aux questions.**

1. D'où vient le nom de cette langue ? ....

....

2. Qui a créé l'Espéranto, quand et pourquoi ? ....

....

....

....

L'Espéranto, une langue universelle ?

Plus de 8 064 langues sont parlées dans le monde. Comment faire communiquer les 5 milliards d'êtres humains ? C'est la question qui obsédait Louis Zamenhof. Né en 1859 en Russie, il habitait dans une ville où on parlait russe, polonais, yiddish et allemand. Pour cela, il a souvent rencontré le problème de ne pas être compris de ses concitoyens !

Aussi, dès l'âge de 14 ans, a-t-il travaillé à un grand projet : créer une langue simple, utilisable par tous. En 1887, il réalise son rêve en publiant une méthode, sous le nom de Doktoro Espéranto, le Docteur qui espère. À partir d'un nombre limité d'éléments, cette langue artificielle qu'il appelle l'Espéranto permet de créer une grande quantité de mots. Ses éléments d'origine européenne ne changent pas de forme ; chaque lettre ne représente qu'un son ; l'Espéranto s'écrit donc comme il se prononce. La grammaire est organisée autour de 16 règles seulement. Les verbes se conjuguent tous de la même façon avec une seule terminaison par temps.

Aujourd'hui, c'est la langue artificielle la plus répandue : 3 millions de personnes environ la parlent à travers le monde et elle est utilisée dans des conférences internationales : plusieurs journaux et revues paraissent dans cette langue.

Pour en savoir plus sur l'Espéranto, vous pouvez contacter l'Union française pour l'Espéranto, 4 bis rue de la Cerisaie à Paris.

3. Qu'est-ce qui fait la simplicité de cette langue ? Comment fonctionne-t-elle ? ....

....

....

4. Dans quelles circonstances utilise-t-on l'Espéranto ? ....

....

....

b. Vous souhaitez apprendre l'Espéranto. Vous écrivez à l'Union française pour l'Espéranto afin de connaître l'adresse d'une école à Nice, le prix et l'organisation des cours.

8 **a. Lisez l'article ci-contre puis répondez aux questions.**

1. Quel genre de séjours cette association propose-t-elle (public, âge, nationalité, objectif, période, activités proposées, lieu...) ?

....

....

....

2. Quelles sont les caractéristiques des méthodes de langue utilisées ? ....

....

....

3. Comment les séjours sont-ils organisés ? ....

....

....

Action Séjours :
l'anglais et le sport

*Une façon très vivante d'apprendre une langue
dans un environnement détendu*

Spécialiste des vacances sportives pour les jeunes de 9 à 17 ans, Action Séjours propose notamment, en association avec d'excellentes écoles de langues, toute une gamme de séjours en Angleterre et en Irlande qui combinent, de façon équilibrée, activités sportives et apprentissage linguistique : faisant appel au plaisir d'apprendre, ces formations mettent ici l'accent sur l'acquisition des bases. Objectif : permettre à chaque participant d'acquérir une aisance durable en anglais, de prendre confiance en soi et d'apprécier la pratique de la langue.

Dans chaque programme, les méthodes d'enseignement, extrêmement vivantes, favorisent un apprentissage efficace dans un climat détendu : elles comportent une grande variété d'activités pédagogiques, de conversations et débats guidés.

Dûment qualifiés et choisis pour leurs aptitudes pédagogiques, les professeurs de langue maternelle anglaise ne se bornent pas à transmettre des connaissances : ils aident, conseillent, encouragent les élèves à participer et à progresser.

Famille d'accueil

Le stage comporte 30 cours d'anglais de 45 minutes, dispensés à des classes internationales à effectifs restreints (dix à quinze jeunes). Un test d'évaluation des connaissances effectué dès le premier jour permet de répartir les élèves par groupes homogènes en fonction de leur niveau et de leur expérience. Les livres et méthodes sont fournis par Action Séjours.

À Bawdsey (Comté de Suffolk), par exemple, où un séjour est organisé à Pâques du 18 avril au 1er mai pro-

chain, les cours se déroulent au collège Alexanders School, installé dans un manoir historique. Les élèves, logés dans des chambres de quatre à six lits, peuvent pratiquer quotidiennement le tennis (3 h), l'équitation (2 h 30) ou opter pour une formule multi-activités (tennis, football, badmington, basket, squash, théâtre, informatique, arts appliqués, piscine, etc., 3 h), du lundi au vendredi. Un programme d'animation (discothèque, vidéo, tournois, excursions, etc.) est proposé le soir et le week-end.

Chaque programme sportif est conçu en fonction du niveau des stagiaires et encadré par des professionnels du sport et des animateurs qualifiés.

Action Séjours,
145, rue de Vaugirard,
75015 Paris.
Tél. : 01 44 49 37 30.

Le Figaro-Étudiant, 17 mars 1999.

---

4. Et les cours ? ....
....
....

5. Où les participants sont-ils logés ? ....
....
....

b. **Vous avez 18 ans et vous êtes à Brawdsey, en Angleterre, pour passer les vacances de Pâques. Mais la réalité ne correspond pas exactement à la description du séjour. Les professeurs d'anglais ne sont pas compétents, les chambres accueillent 10 personnes, on ne peut jouer que sur un seul court de tennis, alors qu'il y a 120 adolescents dans le centre, aucune activité n'est prévue le soir et la nourriture ne donne pas envie de manger. Vous n'êtes pas du tout satisfait(e) et vous écrivez à Action Séjours.**

Transcription des enregistrements

Unité 1

Compréhension orale

5 La surprise et le soulagement.

1. Je ne comprends pas ; je croyais que vous étiez au Portugal !
2. Tu travailles dans ce quartier ? Moi aussi, je n'en reviens pas !
3. Ouf ! Te voilà ! J'avais peur que tu arrives trop tard !
4. C'est vrai, c'est votre nouvelle amie ? Ça alors, c'est ma cousine !
5. Regardez tout ce monde ! Heureusement, on a réservé nos places.
6. Vraiment, vous n'avez pas vu le dernier film de Tavernier ?
7. Tiens donc, tu as une moto maintenant !
8. Mon fils ne part pas ce soir, il dort à la maison. J'aime mieux ça, il pleut tellement !

6 Portraits.

Première personne. Claude est de taille moyenne et mince. Ses cheveux sont courts et frisés. Son visage est long et beau. Elle a de grands yeux clairs. Elle porte une veste et un pantalon gris. Elle ne met jamais de chaussures à talons.

Deuxième personne. Michel est petit et fort. Son visage est carré et il a le teint clair. Ses yeux sont petits et bleus. Il n'a plus beaucoup de cheveux et ils sont gris. Il a entre 45 et 50 ans. Il travaille dans une banque alors il porte toujours un costume.

Troisième personne. Dominique est assez jeune. Elle est jolie : des yeux clairs, des cheveux roux, le teint mat. Dominique aime être regardée ; elle porte souvent des robes longues vertes ou bleues et de hauts talons.

Quatrième personne. Frédéric n'est plus très jeune mais il est encore beau : grand, mince, les cheveux raides et noirs, les yeux bleus. Il porte souvent des jeans avec une veste.

Cinquième personne. Camille est jeune. Elle est très maigre et de petite taille. Camille ne travaille pas alors elle porte des vêtements sport : jean, pull, T-shirt. Elle déteste les jupes, les robes et les talons. Ses cheveux sont noirs, courts et raides. Camille n'est pas belle mais elle a de jolis yeux noirs qu'on remarque. Elle a le teint très mat.

7 Faits divers.

a) Incendie à Barc
Un incendie s'est déclaré dimanche vers minuit dans le garage de M. Blanchard, situé près de l'église de Barc. Une épaisse fumée noire a donné l'alerte. Les pompiers sont arrivés très rapidement et ils ont réussi à éteindre l'incendie. Les dégâts dans le garage de M. Blanchard ne sont pas très importants mais il doit acheter une nouvelle voiture. On ne connaît pas encore les causes de l'incendie et la police ouvre une enquête. Un témoin dit qu'il a remarqué une jeune femme très grande sortir du garage un peu avant l'incendie. La police recherche cette jeune femme.

b) Hold-up chez Toutor
Lundi dernier, il ne fallait pas faire d'achats dans la célèbre bijouterie parisienne, place Vendôme. Au cours de l'après-midi, deux individus avec des vêtements de policiers ont dérobé pour 500 000 F de bijoux. Le vol a eu lieu en moins de cinq minutes ; les employés de la bijouterie n'ont rien pu faire et les voleurs sont partis dans une voiture qui les attendait devant la porte du magasin. Heureusement, il n'y a pas eu de victimes. La police est arrivée rapidement et les clients qui se trouvaient dans la bijouterie ont été entendus.

Unité 2

Compréhension orale

4 La certitude et le doute.

1. Vous croyez vraiment que Guy Forget affrontera Pete Sampras au tournoi de Monaco ?
2. Je vous assure qu'il a des chances : il était en pleine forme ces derniers temps.
3. Je veux bien vous croire, mais… On verra bien !
4. Je savais bien qu'ils allaient gagner : c'est la meilleure équipe de rugby.
5. C'est vrai, tu as joué au tiercé et tu as vraiment parié 500 F sur Orage ? Ça m'étonne !
6. Ne t'inquiète pas ; je connais bien ce cheval. Et puis, je sais ce que je fais !
7. Si tu es vraiment sûr de toi… ! Moi, je me le demande !
8. C'est vrai, c'est la France qui a gagné la Coupe du Monde de Football ? Je n'en reviens pas !

5 Chronologie : événements sportifs à Levallois-Perret

Voici quelques informations concernant les événements sportifs qui auront lieu dans notre ville de Levallois-Perret au cours du mois de mars.

Le samedi 6 mars, notre équipe de basket affrontera les joueurs de Dijon pour le championnat.

Le mardi 9 mars et jusqu'au samedi suivant, les championnats de tennis de table femme se dérouleront au Stade des sports.

Le samedi 13 mars, ce sont les footballeurs qui disputeront un match contre l'équipe de Modeville, pour le championnat de France de football amateur.

Notre équipe de handball junior rencontrera en quart de finale les joueurs du Plessis-Robinson. Cette rencontre aura lieu le 20 mars. Il s'agit d'un match pour les juniors de notre club sportif.

Les cours gratuits de tennis reprendront le 20 mars. Ils auront lieu chaque samedi matin jusqu'en octobre.

Comme chaque année, une grande course à pied sera organisé le premier dimanche du mois d'avril. Cette année, elle aura lieu le 4. Les personnes qui veulent participer à cette « traversée de Levallois » sont invitées à s'inscrire au Palais des sports avant la fin du mois.

6 Résultats sportifs.

Voici les premiers résultats concernant la coupe de France de football pour les huitièmes de finale. L'équipe de Guingamp a gagné contre Lille par 1 à 0. Dans la rencontre Sedan-Amiens, c'est l'équipe de Sedan qui a remporté la victoire par 2 à 1. Troyes a perdu contre Angoulême qui n'a pas marqué de but (1-0). La suite des résultats vous sera communiquée après une page de publicité…

Unité 3

Compréhension orale

4 L'enthousiasme et la déception.

1. Ce film ne vaut absolument rien. Surtout, n'allez pas le voir !

2. *Un détour par chez vous*, c'est une pièce très amusante. Il faut la voir, je t'assure !

3. Vraiment, le spectacle était mal construit, trop long. Je me suis ennuyée et Pierre a dormi pendant tout le spectacle.

4. Le film est émouvant, pourtant il y a des passages drôles et l'acteur principal joue très bien. Va voir *La vie est belle*, je suis sûre que tu vas adorer !

5. Je suis allé à ce concert pour faire plaisir à mon fils, il voulait absolument y aller, mais j'ai horreur de ce genre de musique. Je trouve le rap complètement nul !

6. La pièce est drôle, l'actrice magnifique et brillante d'intelligence. Pour moi, c'est la meilleure pièce de l'année.

7. Ce n'est pas franchement mauvais mais l'histoire est tellement naïve ! Heureusement, il y a Philippe Noiret. Allez-y si vous n'avez rien de mieux à faire !

8. Cette mise en scène est remarquable et les comédiens sont tous excellents. Il ne faut absolument pas manquer cette pièce de Tchekhov.

5 La semaine du cinéma.

Cette année encore, les Parisiens auront un beau cadeau grâce à cette semaine spéciale cinéma à Paris : du 10 au 16 mars, en allant à la séance de 18 heures, vous paierez seulement 18 francs. C'est un tarif intéressant, non ? D'autant que cette capitale du cinéma propose un choix exceptionnel de films. Alors, faites-vous plaisir : cette semaine sera pour vous l'occasion de voir toutes les merveilles du septième art que vous avez manquées, ou que vous souhaitez revoir !

6 Critiques de films.

Belle-Maman : Cette comédie de Gabriel Aghion raconte l'histoire d'un amour impossible entre le nouveau gendre et sa belle-mère alors que la jeune mariée regarde en se posant des questions. Le début du film est assez drôle mais très vite le jeu de Catherine Deneuve devient mauvais (heureusement, elle a interprété de meilleurs rôles). De plus, l'intrigue est peu construite et sans intérêt.

Festen : Ce film danois de Thomas Winterberg commence par une grande fête de famille donnée pour l'anniversaire du père qui tourne au drame. Le personnage central, un des fils, revient pour faire entendre à tous les invités les horreurs que faisait leur père quand ils étaient enfants. Émouvant et dur, ce film est pourtant très vrai. Cette production montre une grande originalité dans la façon de traiter le sujet et l'image.

Unité 4

Compréhension orale

4 Conseil/Proposition/Souhait/ Demande/Préférence

1. Martine, tu devrais faire un régime !

2. On pourrait aller voir *Ça commence demain*.

3. J'aimerais tellement être en vacances !

4. Vous devriez changer vos habitudes alimentaires.

5. Ça te ferait plaisir d'aller à la montagne ?

6. Pourriez-vous me dire où se trouve la poste ?

7. Tu devrais lui parler.

8. Il vaudrait mieux partir plus tôt.

9. J'aimerais mieux y aller en voiture.

10. Pourriez-vous dire à Paul que c'est d'accord pour ce soir?

11. Nous pourrions prendre un taxi pour rentrer, non?

12. Il vaudrait mieux que tu arrêtes de fumer.

5 Mieux manger pour vivre plus longtemps.

Docteur Malevitch, vous vous occupez de nutrition à l'hôpital Saint-Michel, il y a une question que se posent les Français actuellement : « Peut-on devenir vieux sans se priver? » Que répondez-vous à cette question?

– Bien sûr, c'est tout à fait possible. La première chose, que tout le monde sait, est qu'il faut avoir une alimentation équilibrée, faire trois repas par jour et surtout ne jamais sauter de repas.

– Faut-il remplacer la viande par le poisson?

– Non, on peut continuer à manger de la viande trois ou quatre fois par semaine, mais manger du poisson plus souvent, par exemple six fois par semaine. J'ajouterai, qu'en règle générale, il faut également manger moins et surtout éviter de manger des sucreries et de boire de l'alcool. On peut boire du vin, et il est même conseillé de boire un verre de vin à chaque repas mais pas d'autre alcool. Pour remplacer les sucres rapides, il vaut mieux consommer du pain complet, des céréales complètes et il ne faut pas oublier non plus les légumes verts. Les fruits, nous devrions en manger cinq par jour. Je pense que beaucoup de Français n'en mangent pas assez. Un autre conseil pour tous les âges est de dîner légèrement. Mais il y a une autre chose très importante, c'est qu'il faut manger avec plaisir.

– Docteur Malevitch, je vous remercie, je rappelle à nos auditeurs que vous avez écrit *Bien manger, mieux vieillir* aux éditions Bioligne.

Unité 5

Compréhension orale

4 Rassurer et s'inquiéter.

1. J'ai vingt minutes de retard, je suis sûr qu'elle ne sera plus là!

2. Écoute, tu vas te mettre au régime, tu sais, il y a des choses plus graves dans la vie!

3. Mais qu'est-ce qui se passe? Il est 21 heures et il n'est toujours pas rentré!

4. Oh là là! j'ai encore grossi!

5. Écoute, elle sait que tu viens en voiture, ce n'est pas toujours facile d'arriver à l'heure, elle t'attendra.

6. Mais où est mon permis de conduire? Je vais arriver en retard!

7. Ne t'inquiète pas, il va arriver ou bien il va téléphoner.

8. Calme-toi, Laurence, il est peut-être dans ton sac rouge.

5 Rencontre avec une jeune créatrice de mode.

– Luisa Rey, vous êtes une jeune créatrice de mode?

– Oui, je travaille dans la mode depuis 3 ans seulement.

– Dites-nous quel est le style des vêtements que vous faites.

– Eh bien, je crois que les femmes savent très bien ce qu'elles veulent porter comme vêtements, les formes, les matières, les couleurs et je fais des modèles qui conviennent à des femmes de tous les âges, je ne veux pas habiller seulement les 18-28 ans. Aujourd'hui, la plupart des femmes travaillent et elles ont besoin de vêtements faciles à porter, alors je fais des vêtements simples et dans des matières naturelles, je n'aime pas ce qui est trop sophistiqué. Les femmes peuvent être élégantes mais aussi marcher, prendre le métro, aller au travail, sortir le soir. Je crois aussi que maintenant on mélange les différents styles de vêtements et ça c'est très agréable.

– Quelles sont vos couleurs préférées?

– J'aime surtout le noir, le gris, le marron pour l'hiver et je dirais le blanc, le beige et le bleu pour l'été.

– Luisa Rey, merci beaucoup et bonne chance!

6 La mode « snowboard » est dans les rues.

– Alain Garonne, vous avez écrit un livre qui s'appelle *Les Jeunes et l'esprit « glisse »*, de quoi parlez-vous dans votre livre?

– Je parle d'une nouvelle mode qui vient des sports de montagne. Je parle de jeunes qui ont entre 12 et 24 ans et qui pratiquent le *snowboard*. Dans ce sport, on descend les pistes de ski à grande vitesse sur une seule planche, on glisse très vite sur la neige, et ce sport a créé une nouvelle mode que l'on trouve même dans les villes. Les jeunes que j'ai rencontrés ont besoin de nouveauté, ils n'aiment pas la compétition, ils veulent se sentir libres, être proches de la nature, ils refusent les classements et la performance sportive. On les retrouve dans les rues des villes où ils marchent souvent en groupes. Ils portent des pantalons très larges et très longs avec de grandes poches, des blousons trop grands, des bonnets et de grosses chaussures, des baskets ou des chaussures de montagne. En fait, cette mode est un vrai changement culturel et social, certaines marques de vêtements l'ont déjà compris.

Unité 6

Compréhension orale

4 L'incitation et la plainte.

1. Je suis vraiment fatiguée depuis quinze jours, je ne sais pas ce que j'ai.

2. Dis-moi ce qui ne va pas, je pourrai peut-être t'aider.

3. J'ai vraiment trop de travail en ce moment !

4. Va voir un médecin, il te donnera des vitamines et tu te sentiras mieux.

5. J'ai décidé d'arrêter de fumer, mais c'est vraiment très dur !

6. En ce moment, tout va mal. Ma fille est malade et mon mari a des problèmes dans son travail.

7. Tu sais, tu peux m'en parler.

8. Allez ! courage, si tu as décidé de le faire, tu vas réussir.

5 La maison des oliviers.

– Je me présente, je suis Rémy Pancol et je dois écrire un petit article dans le journal local. J'ai pensé à vous, madame Mandel, qui venez d'arriver dans la région. Ça ne vous dérange pas que je vous pose quelques questions ?

– Pas du tout Monsieur, mon mari est au marché, mais moi, j'ai tout mon temps.

– Comment avez-vous eu l'idée d'acheter une maison à Saint-Rémy ?

– Tout a commencé il y a deux ans, mon mari venait de prendre sa retraite et, moi, je ne travaillais plus depuis cinq ans, alors, nous avons eu envie de soleil et d'un petit coin où nous pourrions aller dès les premiers beaux jours, tout en gardant l'appartement que nous habitons. Nous nous sommes décidés pour la Provence, pas la Côte bien sûr, mais la Provence intérieure. Ah, nous en avons visité des maisons ! Elles étaient trop grandes ou trop chères, ou bien il fallait faire beaucoup de travaux pour qu'elles soient habitables. Et puis, un jour, nous sommes tombés amoureux d'une petite maison entourée d'oliviers. Ces arbres sont magnifiques, surtout quand le vent se lève et qu'il joue avec leurs feuilles. Enfin, voilà, la maison est petite : une salle avec une petite cuisine en bas et deux petites chambres en haut ; mais, on y est vraiment bien, et notre fille pourra venir nous voir si elle en a envie.

– Qu'est-ce qui vous plaît le plus ici ?

– C'est surtout qu'on prend le temps de vivre. Vous savez, avant, nous habitions toute l'année à Paris, où les gens courent du matin au soir et nous aussi, nous vivions comme ça, et maintenant nous avons enfin le temps d'apprécier les bonnes choses de la vie.

– Merci, madame, j'ai été ravi de parler avec vous.

– Mais, moi aussi, monsieur.

6 Les Français aiment rester chez eux.

– Les Français s'intéressent de plus en plus à leur logement. Avec nous, aujourd'hui pour en parler sur Radio bleue, Monique Lamarre. Monique, bonjour.

– Bonjour.

– Dites-nous ce qui a changé dans les habitudes des Français ces dernières années.

– Depuis 1991, le lieu d'habitation est devenu très important pour les Français. Ils y consacrent 30 % de leur budget. On a envie de se protéger d'un environnement difficile, très bruyant, ou pollué. Le mode de vie est plus simple que dans les années 80 et le logement d'aujourd'hui doit faciliter les relations entre les différentes personnes de la famille, les amis et les copains. Maintenant, quand les Français cherchent un logement, ils veulent plus d'espace, une grande cuisine, une pièce qui puisse servir de bureau et une salle de bains agréable. 56 % des familles françaises ont choisi la maison individuelle comme habitation principale. Ajoutons qu'avec le multimédia et Internet, on peut, sans sortir de chez soi, travailler, communiquer, apprendre, s'amuser. 30 % des Français disent aussi qu'ils passent plus de temps chez eux qu'il y a cinq ans, et ce n'est que le début d'une nouvelle manière de vivre. Alors, depuis dix ans, les journaux et les magasins de décoration sont de plus en plus nombreux. En conclusion, je dirai que le logement n'est plus, pour les Français, le moyen de montrer sa réussite sociale mais c'est un espace où ils veulent se sentir bien pour les différentes activités qu'ils y ont.

Unité 7

Compréhension orale

6 La réprobation et le conseil.

1. Vous ne devriez pas envoyer votre mère dans cette maison de retraite.

2. À votre place, je lui trouverais un petit appartement pas trop loin de chez vous.

3. Je ne te comprends pas : tu viens de trouver ce poste et déjà, tu veux changer !

4. Franchement, je crois que tu as tort. Réfléchis avant de prendre ta décision !

5. Si tu veux vraiment travailler, tu devrais changer de style. Et il faudrait d'abord que tu passes ton bac.

6. Quand même, tu ne peux pas tout faire chez toi. C'est incroyable, tu es la seule à travailler !

7. Je crois que vous devriez acheter un appartement : louer coûte vraiment trop cher.

8. Il faut absolument que tu rencontres ton directeur. Je suis certaine qu'il pourra t'aider !

7 Garde d'enfants à domicile.

– Pardon madame, je vois que vous avez une jolie petite fille. J'imagine que vous êtes sa maman. Est-ce que vous travaillez ?

– Oui, bien sûr, je suis la mère de Mélanie et je suis photographe.

– Et comment faites-vous garder votre fille en semaine ?

– Depuis que j'ai repris mon travail – Mélanie avait quatre mois – une jeune femme vient chaque jour à

la maison. Elle arrive quand nous quittons la maison et elle repart quand nous rentrons, vers 19 h 30.
– Ça se passe bien ?
– Oui, très bien. La jeune femme s'occupe bien de Mélanie : elle joue avec elle, elle l'amène tous les après-midi au jardin public pour une promenade, elle lui donne son déjeuner et le soir, elle lui fait prendre un bain. Mélanie est très heureuse comme ça.
– Et vous ?
– Nous voulons le bonheur de Mélanie alors… tant pis si ça nous coûte un peu cher ! Mais c'est vrai que 5 000 francs par mois, c'est beaucoup. Heureusement, l'année prochaine Mélanie ira à l'école !
– Une dernière question : vous n'avez jamais pensé à mettre votre fille dans une halte-garderie ?
– Si, nous avons envisagé cette solution parce que c'est quand même plus économique, mais d'abord, c'est très difficile d'obtenir une place, il y a beaucoup d'attente, et puis, cette possibilité ne nous convenait pas vraiment : mon mari rentre très tard de son travail, il est responsable de la comptabilité d'un supermarché, et moi, je n'ai pas d'horaires réguliers : il m'arrive de rentrer vers 7-8 heures le soir. Et vous savez, les haltes-garderies ferment à 18 h 30.
– Merci madame. Bon après-midi !

Unité 8

Compréhension orale

5 L'impatience et la concession.

1. Tu as raison, ce chat n'est vraiment pas beau mais il a l'air tellement malheureux et il est si affectueux !
2. Écoute, on en a déjà parlé et tu ne me feras pas changer d'avis : il n'est pas question d'avoir un hamster à la maison !
3. Non, c'est non, je te l'ai dit 1 000 fois : je ne supporte plus ce chien dans la voiture !
4. Il est beau, c'est vrai, je ne dis pas le contraire, mais je n'ai pas très envie de ce collier.
5. Pour la dernière fois, où as-tu mis les croquettes du chat ?
6. Je ne suis pas complètement d'accord avec ce projet de voyage mais je comprends que Michel ait envie de voyager à son âge.
7. Bon, c'est vrai, cette maison est vieille mais on peut voir les choses d'une autre façon : elle n'est pas chère et elle a un beau jardin !
8. Ça fait trois fois que je leur téléphone et c'est toujours occupé. J'ai autre chose à faire, moi !

6 Alphonse le hamster.

Alphonse est un hamster. Il fait partie de ces nouveaux animaux de compagnie que l'on rencontre aujourd'hui de plus en plus souvent dans les familles françaises car ils sont de petite taille et peu chers. Jean-Michel se l'est fait offrir pour son treizième anniversaire, il y a quelques mois, mais l'arrivée d'Alphonse a posé quelques problèmes car il y avait déjà trois chats dans la maison !
Heureusement, au début, Alphonse ne vivait pas en liberté ; il habitait dans une cage placée dans la chambre de Jean-Michel. Chaque soir, quand Jean-Michel rentrait du collège, Alphonse sortait de sa cage et se promenait dans la chambre. Petit à petit, les chats ont appris à voir ce nouvel invité comme un compagnon de jeu et il arrive même, maintenant, de retrouver le hamster endormi à côté d'un des chats.

7 Adoption.

Chers auditeurs, bonsoir. Dans notre magazine *Nos amis à quatre pattes*, nous vous proposons ce soir un magnifique chiot de six mois. Noir, petit, Teddy est absolument adorable. Il a l'air d'un jouet en peluche. Malheureusement pour lui, ses propriétaires ont dû l'abandonner pour partir vivre en Afrique. Teddy était un chien heureux, il n'a jamais été maltraité, bien au contraire, on voit qu'il a été bien soigné. D'ailleurs, il est très affectueux et il adore jouer. Mais il y a un petit problème avec Teddy : il ne supporte absolument pas d'être seul. Alors, il n'est pas question de le laisser dormir toute la journée dans un fauteuil. Non, ce qu'il lui faut, c'est une famille avec de jeunes enfants, de préférence à la campagne, dans une maison avec un jardin. Et oui, j'oubliais, Teddy est un chien de race, c'est un terre-neuve alors il va devenir très gros. Si vous avez envie d'adopter Teddy, écrivez-nous à France 2, *Nos amis à quatre pattes* ou composez le 01 45 00 01.

Unité 9

Compréhension orale

5 Le soutien et le reproche.

1. C'est vrai ce que vous dites, on devrait punir plus sévèrement les contrevenants !
2. Les policiers ne font pas bien leur travail. Vous avez tout à fait raison.
3. À ta place, j'aurais envoyé un petit mot de remerciements.
4. Vraiment, si j'étais à leur place, je n'aurais pas agi comme ça : j'aurais tout de suite téléphoné au propriétaire du véhicule.
5. On ne respecte pas assez la nature. Je vous donne entièrement raison.
6. Je ne te comprends pas… Tu aurais au moins pu me téléphoner pour m'annoncer ton mariage !

7. Mon mari et moi, nous partageons entièrement votre opinion : les voisins qui viennent de louer cette maison font trop de bruit !

8. Ah, ces enfants ! je n'aime pas du tout les garçons qu'ils rencontrent.

6 Protéger l'environnement.

Comment peut-on protéger notre planète et donc rendre notre vie plus agréable ? Voilà une grande question à laquelle on peut répondre par de petits gestes très simples de tous les jours. Tout d'abord, il faut que vous fassiez attention aux papiers, aux sacs en plastique, à tout ce que vous jetez dans la rue ou dans la nature sans réfléchir. N'oubliez pas qu'il faut 100 ans à un sac en plastique pour disparaître complètement. Le bruit aussi pollue : il peut causer des dégâts importants et on peut même devenir fou à cause du bruit. Pourtant, du bruit, il y en a partout : dans les rues, dans les bureaux, les magasins, les maisons, les écoles. Alors, il est important de limiter les bruits inutiles et trop élevés en puissance. Par exemple, n'écoutez pas la musique trop fort, vous pourriez déranger vos voisins. Et puis, bien sûr, on doit respecter les éléments naturels comme l'air et l'eau. Sans eux, la vie est impossible. Pour cette raison, ils sont contrôlés très régulièrement, surtout dans les villes car ils peuvent provoquer des maladies très graves. Alors, faites vérifier vos véhicules régulièrement, ne faites pas brûler de produits dangereux et n'en jetez pas non plus dans les rivières ni dans la mer.

7 Circulation en alternance à Paris.

Depuis plusieurs années, dans les grandes villes et en particulier à Paris, on a enregistré une très grande pollution de l'air causée par les gaz d'échappement des voitures, à tel point que certaines personnes âgées ou malades, et même de jeunes enfants, se sentaient très mal. La préfecture de police a donc décidé de réduire la circulation des véhicules ces jours de grave pollution. Comme il est impossible d'interdire la circulation de tous les véhicules en même temps, on a organisé une circulation en alternance. Voilà comment ça marche. Certains jours, les voitures, mais aussi les motos avec un numéro d'immatriculation pair ont le droit de rouler alors que les véhicules avec un numéro impair restent au garage. Mon numéro de plaque d'immatriculation finit par un 6, je roule aujourd'hui mais demain, ce sont les véhicules avec un numéro finissant par un 3, un 5, un 7… qui pourront circuler. Bien sûr, les voitures de police, les camions de pompiers, les taxis et les bus pourront rouler en toute liberté, même ces jours-là. En revanche, si vous prenez votre voiture alors que vous n'en avez pas le droit, vous devrez payer une amende de 1 000 francs. Mais ne vous inquiétez pas, les jours de circulation en alternance, les bus et les métros seront gratuits… mais pas les taxis !

Unité 10

Compréhension orale

4 La colère et l'indifférence.

1. Mais monsieur, cette table est non-fumeur et ce monsieur, à trois mètres de nous, fume un cigare, c'est insupportable !

2. Aller au cinéma ce soir, ah non, certainement pas ! Il y a un match de foot à la télé.

3. – Tu préfères aller à la piscine demain ?
– Oh moi, ça m'est égal.

4. Écoute, range ta chambre, ça fait vingt fois que je te le dis !

5. – Bon alors, on va voir *Shakespeare in love* ou *La Vie rêvée des anges* ?
– Oh, tu sais moi, je m'en moque.

6. Si vous ne me remboursez pas tout de suite, j'appelle le directeur !

7. Écoutez, vous faites moins de bruit ou j'appelle la police !

8. – On dîne ici ou on va au restaurant ?
– Comme tu veux.

5 Action humanitaire au téléphone.

Première conversation téléphonique :

– Monsieur, je vous téléphone parce que je fais partie de l'association Guérisida, une association pour lutter contre le SIDA. Au lieu d'envoyer une lettre, nous avons décidé de téléphoner aux gens de manière à pouvoir répondre à leurs questions et pour que le contact soit meilleur. Vous savez que la recherche a fait beaucoup de progrès ces dernières années, malheureusement, on n'a pas encore trouvé de vaccin contre cette terrible maladie, alors la recherche a besoin que vous l'aidiez. Accepteriez-vous de donner de l'argent à notre association ?

– Je donne déjà de l'argent au Téléthon et à la Croix Rouge, je veux bien aussi donner à votre association parce qu'il faut vraiment trouver un moyen de guérir le SIDA, mais est-ce que l'argent que je donnerai aidera vraiment la recherche ?

– Oui, monsieur, je peux vous l'assurer, 70 % de ce que vous donnez est envoyé directement dans les laboratoires de recherche et notre association est contrôlée régulièrement.

– À quelle adresse est-ce que je dois envoyer l'argent ?

– Vous allez recevoir, dès demain, une lettre de Guérisida avec l'adresse et tous les renseignements sur notre association. Merci de votre générosité, au revoir, monsieur.

Deuxième conversation téléphonique :

– Madame, excusez-moi de vous déranger, voilà, je vous téléphone au nom de l'association Guérisida, une association de lutte contre le SIDA. Au lieu d'envoyer une lettre, nous téléphonons aux personnes, ainsi, nous pouvons répondre à leurs questions et le contact est meilleur. Vous savez qu'il y a eu des progrès dans le traitement de cette maladie mais qu'aucun vaccin n'a encore été trouvé. Pourriez-vous envoyer un peu d'argent à notre association ?

– Écoutez, monsieur, je suis au chômage depuis six mois et je suis moi-même dans une situation difficile, je ne peux pas donner d'argent en ce moment, mais je vous félicite pour ce que vous faites, heureusement qu'il y a des gens comme vous.

– Eh bien, madame, je vous souhaite de retrouver rapidement un travail, au revoir et bonne journée.

– Au revoir monsieur, et bon courage !

Unité 11

Compréhension orale

4 La menace et l'incompréhension.

1. Ah, mais je vais porter plainte, vous n'avez pas le droit de me faire payer un supplément.
2. Mais, monsieur, je ne comprends pas pourquoi vous dites cela.
3. Si vous continuez, j'appelle la police.
4. Vous pouvez m'expliquer ?
5. Le directeur, euh oui, c'est pour quoi ?
6. Tu vas voir si je vais te laisser dire n'importe quoi !
7. Je veux voir le directeur immédiatement, vous entendez !
8. Excusez-moi, mais ce n'est pas très clair.

5 Les Français et la consommation.

– Catherine Bailly, vous êtes avec nous ce matin pour parler de la consommation des Français. Est-ce que les Français consomment plus, moins ou mieux qu'il y a quelques années ?

– Comme vous le savez, la consommation est influencée par les grands changements sociaux, par exemple aujourd'hui en France, il y a moins de couples mariés, moins d'enfants aussi mais plus de personnes âgées. Les Français sont aussi de plus en plus attachés à la sécurité, la peur de l'avenir étant plus forte qu'avant à cause du chômage. Aujourd'hui, un certain nombre de Français savent qu'acheter beaucoup d'objets, beaucoup d'équipements n'est pas un moyen pour être heureux. Dans les années 80, tout ce qui était nouveau était beau et intéressant, ce n'est plus la même chose maintenant ; les Français consomment donc moins mais surtout pas de la même façon. Ces dernières années, par exemple, on a vu apparaître l'intérêt pour les produits « sans », les produits alimentaires sans sucre, sans graisse, sans sel, les boissons sans alcool. Ceci montre une volonté de simplicité et aussi le désir de garder seulement ce qui est vraiment nécessaire et bon pour l'homme et pour la nature. On voit aussi que les prix moyens des achats diminuent car les Français achètent plus souvent quand il y a des soldes et des promotions. Cependant, les Français ont toujours plaisir à acheter et à faire la fête, ce qui se remarque dans les achats alimentaires et les loisirs.

6 Défense du consommateur.

– Ce soir, dans notre émission *Le téléphone sonne*, nous parlerons du droit des consommateurs.

– Allô, bonsoir madame.

– Bonsoir. Pourquoi nous appelez-vous ?

– Eh bien voilà, pendant les vacances, nous sommes allés dans un hôtel avec nos enfants et le directeur n'a pas voulu nous louer de chambre si nous ne dînions pas au restaurant de l'hôtel. Est-ce légal ?

– Non, pas du tout, depuis la loi de 1986, personne n'a le droit de refuser à un client la vente d'un produit ou d'un service. Un hôtelier n'a pas le droit non plus de vous obliger à prendre le petit déjeuner, s'il le fait, on peut lui demander de payer une amende de 10 000 F. En effet, si vous n'arrivez pas à le convaincre, vous pouvez porter plainte auprès de la Direction de la consommation et des fraudes. Un autre conseil, regardez bien les prix des hôtels, les tarifs sont libres et ils peuvent donc varier d'un hôtel à un autre. Les tarifs doivent être affichés à la réception, dans les chambres et à l'extérieur de l'hôtel.

– Merci d'avoir répondu à ma question.

– Au revoir, madame.

Unité 12

Compréhension orale

4 Le regret et l'exaspération.

1. J'aurais tellement aimé te voir !
2. Avec toi, c'est chaque fois la même chose !
3. Ça suffit, tu n'es jamais d'accord avec ce que je propose.
4. Ah, si j'avais vingt ans de moins !
5. On aurait dû aller dans le Midi, il fait beau là-bas !
6. Écoute, tais-toi, tu ne vas pas recommencer avec cette histoire !
7. Josette, tu te calmes maintenant, arrête de pleurer !
8. Tu vois, finalement, on aurait été mieux à l'autre table, on verrait la mer.

5 Une mini-école anglaise.

– Madame Bisset, comment avez-vous créé cette mini-école pour enseigner l'anglais aux jeunes enfants ?

– Eh bien, je suis anglaise, mariée à un Français et nous avons quatre enfants bilingues. Ils sont dans une école française, mais ils lisent déjà en anglais et l'année dernière, je cherchais des cassettes en anglais pour eux ; je me suis rendu compte alors qu'il existait peu de matériel éducatif pour des enfants de cet âge. En me promenant dans mon quartier, j'ai trouvé des bureaux à louer et cela m'a donné l'idée d'ouvrir cette école, voilà comment les choses se sont passées. C'est un lieu de rencontre où l'on trouve tout ce qui existe comme cassettes, CD-Rom et chansons pour les jeunes enfants. Le succès a été immédiat, tout le monde entrait et demandait des cours si bien que j'ai engagé un professeur pour donner des cours le mercredi à quarante enfants de trois à cinq ans. C'était l'année dernière et cette année, nous avons eu 500 demandes. Maintenant, l'école offre des cours après l'école pour les plus grands, des activités musicales, du théâtre, des séjours en Angleterre. Je suis très heureuse que l'école rencontre ce succès et je vais peut-être ouvrir des centres dans d'autres quartiers de Paris.

6 Apprendre l'anglais.

Quels sont les meilleurs produits pour apprendre l'anglais ?
Info-Conso a sélectionné deux méthodes CD pour vous.

Ready to speak, il s'agit de quatre CD avec des thèmes différents : la maison, les voyages, le travail, les magasins. L'utilisateur clique sur les images et entend des explications sur celles-ci. Ensuite, on lui pose des questions sur ce qu'il a vu. La méthode est intéressante mais elle n'utilise jamais le français, même les définitions des mots sont en anglais. Le point négatif est que la prononciation n'est pas corrigée.
Cette méthode coûte 249 F.

Well said! est, à notre avis, le meilleur produit pour débutants. Cette méthode permet aussi de se perfectionner car elle permet d'améliorer sa prononciation, la méthode vous corrige si vous ne prononcez pas correctement, elle permet aussi de faire des progrès en grammaire et en vocabulaire car les erreurs sont elles aussi corrigées. Si vous êtes d'un niveau avancé, le plaisir est encore plus grand que si vous êtes débutant parce qu'il est possible d'avoir de vraies conversations.
Cette méthode coûte 449 F.

Lexique

Le lexique présente les mots introduits dans les 12 unités du livre de l'élève.
Les chiffres en gras renvoient au numéro de l'unité.

n = nom   *m* = masculin   *f* = féminin   *pl* = pluriel   *prép* = préposition   *art* = article
v = verbe   *adj* = adjectif *adv* = adverbe   *conj* = conjonction *pron* = pronom   *interj* = interjection
loc verb = locution verbale

Traduisez dans votre langue

A

abandon *(nm)*	**8**	p. 82	....
abandonner *(v)*	**8**	p. 80	....
abbaye *(nf)*	**3**	p. 26	....
abord (tout d'abord) *(adv)*	**2**	p. 18	....
aborder *(v)*	**4**	p. 40	....
abri (être à l'abri de) *(nm / loc verb)*	**6**	p. 58	....
absolument *(adv)*	**3**	p. 26	....
accident *(nm)*	**1**	p. 10	....
accompagner *(v)*	**3**	p. 24	....
acompte *(nm)*	**11**	p. 114	....
acteur / actrice *(nm / nf)*	**3**	p. 24	....
actif / active *(adj)*	**5**	p. 50	....
actuel/le *(adj)*	**5**	p. 50	....
actuellement *(adv)*	**6**	p. 56	....
adaptation / adapter *(nf / v)*	**3**	p. 24	....
admettre *(v)*	**12**	p. 122	....
adopter *(v)*	**8**	p. 80	....
adoption *(nf)*	**8**	p. 82	....
adorer *(v)*	**8**	p. 80	....
affaire *(nf)*	**11**	p. 114	....
affectueux/euse *(adj)*	**8**	p. 80	....
affiche / afficher *(nf / v)*	**11**	p. 114	....
affronter *(v)*	**2**	p. 18	....
âgé/e *(adj)*	**4**	p. 42	....
agréer *(v)*	**6**	p. 58	....
agro-alimentaire *(adj)*	**7**	p. 74	....
aider *(v)*	**7**	p. 74	....

auprès (de) (prép)	3	p. 26
authentique (adj)	3	p. 24
automobiliste (nm / nf)	1	p. 10
autonome (adj)	12	p. 120
autorisé/e (adj)	10	p. 105
autoroute (nf)	1	p. 10
autour (de) (prép)	2	p. 18
autrement (dit) (adv)	7	p. 74
avenir (nm)	9	p. 90
avis (nm)	2	p. 16
avouer (v)	4	p. 40

B

banque (nf)	6	p. 59
battre (v)	2	p. 18
beauté (nf)	11	p. 112
bénéficier (v)	6	p. 58
besoin (nm)	4	p. 42
besoin (avoir besoin) (loc verb)	8	p. 80
bijou / bijouterie (nm / nf)	1	p. 10
bio / biologique (adj)	4	p. 40
biscuit (nm)	4	p. 42
bleu (marine) / (ciel) (adj)	5	p. 50
blond/e (adj)	1	p. 8
blouson (nm)	1	p. 9
boulette (nf)	8	p. 82
bouquet (nm)	9	p. 90
brosser (v)	8	p. 82
bruit (nm)	6	p. 56
brun/e (adj)	1	p. 9
brutaliser (v)	8	p. 80
bruyant/e (adj)	6	p. 56

C

cadre (nm)	9	p. 88
caisse (nf)	5	p. 48

caissière (nf)	7	p. 72	....
calcul (nm)	6	p. 56	....
cambriolage (nm)	1	p. 10	....
cambrioler (v)	1	p. 10	....
cambrioleur (nm)	1	p. 10	....
campagne (nf)	6	p. 56	....
campagne (organisation) (nf)	9	p. 88	....
canard (nm)	1	p. 10	....
cancer (nm)	10	p. 106	....
caractère (nm)	8	p. 82	....
caractériser (v)	3	p. 24	....
carré/e (adj)	1	p. 9	....
carreaux (à) (nm)	5	p. 50	....
cas (en tout cas) (adv)	2	p. 16	....
cas (au cas où) (nm / conj)	8	p. 82	....
causer (v)	1	p. 10	....
centre (nm)	10	p. 106	....
cependant (conj / adv)	9	p. 91	....
céréale (nf)	4	p. 40	....
céréalier/ière (adj)	4	p. 42	....
certain/e (adj)	4	p. 42	....
certainement (adv)	3	p. 24	....
cesser (v)	7	p. 72	....
champagne (nm)	2	p. 16	....
championnat (nm)	2	p. 18	....
charger / (être chargé) (v)	7	p. 74	....
chat (nm)	8	p. 82	....
château (nm)	3	p. 26	....
chemin (nm)	3	p. 26	....
cheveu (nm)	1	p. 9	....
chiffre (nm)	2	p. 16	....
chiot (nm)	8	p. 80	....
chômage (nm)	6	p. 58	....
chose (nf)	7	p. 72	....

D

dangereux/euse (adj)	3	p. 24
davantage (adv)	9	p. 88
début (nm)	1	p. 8
décevoir (v)	12	p. 120
décider (v)	10	p. 106
découvrir (v)	1	p. 10
décrire (v)	1	p. 8
déçu/e (adj)	3	p. 24
définitif/ive (adj)	11	p. 114
dégât (nm)	1	p. 8
déguiser (se) (v)	3	p. 26
délai (nm)	11	p. 114
démoder (se) (v)	5	p. 50
dépassement (nm)	9	p. 88
dépendre (v)	3	p. 24
dépense (nf)	11	p. 112
dépenser (v)	11	p. 112
déranger (v)	8	p. 80
dérober (v)	1	p. 10
dès (prép)	2	p. 18
désagréable (adj)	3	p. 26
dessin animé (nm)	3	p. 26
détendu/e (adj)	7	p. 72
détente (nf)	4	p. 42
devenir (v)	3	p. 26
dévoué/e (adj)	6	p. 58
diététique (nf / adj)	4	p. 40
différence (nf)	7	p. 74
diminuer / diminution (v / nf)	4	p. 44
diplômé(e) / diplôme (adj / nm)	7	p. 74
discret/ète (adj)	5	p. 50
disparaître (v)	7	p. 74
disponibilité (nf)	12	p. 122

exténué/e *(adj)*	**7**	p. 72	....
extérieur *(nm)*	**7**	p. 72	....
extraordinaire *(adj)*	**3**	p. 24	....

F

fâcher (se) *(v)*	**10**	p. 104	....
façon *(nf)*	**3**	p. 26	....
faiblesse *(nf)*	**12**	p. 122	....
faim (avoir) *(nf)*	**4**	p. 42	....
fait (de fait) *(nm / adv)*	**9**	p. 91	....
fait divers *(nm)*	**1**	p. 10	....
fantaisie *(nf)*	**5**	p. 50	....
fantaisiste *(adj)*	**9**	p. 89	....
fantastique *(adj)*	**11**	p. 112	....
fantôme *(nm)*	**11**	p. 114	....
fauteuil *(nm)*	**8**	p. 82	....
favorable *(adj)*	**9**	p. 88	....
féculent *(nm)*	**4**	p. 42	....
féminin/e *(adj)*	**7**	p. 74	....
festival *(nm)*	**3**	p. 26	....
fêter *(v)*	**2**	p. 18	....
fidèle *(adj)*	**5**	p. 50	....
fin *(nf)*	**2**	p. 16	....
finale *(nf)*	**2**	p. 18	....
foire *(nf)*	**11**	p. 114	....
fois *(nf)*	**8**	p. 80	....
foncé/e *(adj)*	**5**	p. 50	....
fonction (en fonction de) *(nf / prép)*	**5**	p. 50	....
fonctionner *(v)*	**6**	p. 58	....
forêt *(nf)*	**3**	p. 26	....
forme *(nf)*	**4**	p. 42	....
fort/e *(adj)*	**1**	p. 9	....
fou / folle *(adj)*	**3**	p. 26	....
foyer *(nm)*	**7**	p. 72	....
frais (prix) *(nm pl)*	**7**	p. 74	....

immatriculé/e *(adj)*	**1**	p. 8
imperméable *(nm)*	**5**	p. 50
impossible *(adj)*	**11**	p. 114
imposteur *(nm)*	**3**	p. 26
improvisé/e *(adj)*	**12**	p. 122
inaperçu/e *(adj)*	**5**	p. 50
incendie *(nm)*	**1**	p. 8
incitation *(nf)*	**11**	p. 112
incontestablement *(adv)*	**4**	p. 40
indispensable *(adj)*	**5**	p. 48
individu *(nm)*	**1**	p. 8
influence *(nf)*	**5**	p. 50
informer *(v)*	**11**	p. 114
infraction (être en infraction) *(nf / loc verb)*	**11**	p. 114
inimaginable *(adj)*	**11**	p. 112
initier (s') *(v)*	**12**	p. 120
installer (s') *(v)*	**6**	p. 56
institut *(nm)*	**4**	p. 40
insupportable *(adj)*	**6**	p. 56
intention (avoir l'intention de) *(nf / loc verb)*	**10**	p. 106
intéresser *(v)*	**12**	p. 120
intérêt (avoir intérêt à) *(nm / loc verb)*	**6**	p. 58
intérimaire *(n / adj)*	**7**	p. 74
interprétation / interpréter *(nf / v)*	**3**	p. 26
intervenir *(v)*	**7**	p. 74
investir *(v)*	**6**	p. 56
ivresse *(nf)*	**9**	p. 88

J

jeter *(v)*	**9**	p. 90
jeu *(nm)*	**2**	p. 16
joie *(nf)*	**7**	p. 78
jouer / joueur *(v / nm)*	**2**	p. 16
journée *(nf)*	**2**	p. 18
juste / justement *(adj / adv)*	**3**	p. 24

laine *(nf)*	**5**	p. 48
laisser *(v)*	**8**	p. 80
laitier *(adj)*	**4**	p. 42
langue *(nf)*	**12**	p. 120
lecteur / lectrice *(nm / f)*	**6**	p. 58
léger/ère *(adj)*	**4**	p. 42
légume *(nm)*	**4**	p. 42
libérer (se) *(v)*	**9**	p. 90
liberté *(nf)*	**8**	p. 80
libre *(adj)*	**7**	p. 72
limite (à la limite de) *(nf / prép)*	**10**	p. 104
linguistique *(adj)*	**12**	p. 122
lisible *(adj)*	**8**	p. 82
logement *(nm)*	**6**	p. 56
loi *(nf)*	**9**	p. 88
loin *(adv)*	**6**	p. 56
lors *(adv)*	**2**	p. 18
lourd/e *(adj)*	**4**	p. 42
lutte *(nf)*	**9**	p. 88

maigre *(adj)*	**1**	p. 9
malheureux/euse *(adj)*	**10**	p. 106
manquer *(v)*	**3**	p. 26
marché *(nm)*	**12**	p. 122
marcher (fonctionner) *(v)*	**6**	p. 58
masculin/e *(adj)*	**5**	p. 50
mat/e *(adj)*	**1**	p. 9
match (faire match nul) *(nm)*	**2**	p. 18
matière *(nf)*	**5**	p. 48
ménage *(nm)*	**7**	p. 72
mener (l'enquête) *(v)*	**1**	p. 10
mensonger/ère *(adj)*	**11**	p. 112
mensualité *(nf)*	**6**	p. 58

merveilleusement (adv)	7	p. 74
méthode (nf)	12	p. 120
métier (nm)	7	p. 74
metteur en scène (nm)	3	p. 24
mettre à (se) (v)	1	p. 8
mettre à table (se) (loc verb)	4	p. 42
mi-temps (nf)	2	p. 18
milieu (nm)	5	p. 50
mince (adj)	1	p. 9
mise en scène (nf)	3	p. 26
mission (nf)	7	p. 74
moindre (le / la) (adj)	2	p. 16
moment (au moment où) (nm / conj)	1	p. 10
monde (nm)	2	p. 18
montagne (nf)	2	p. 18
montant (nm)	1	p. 10
monter (v)	2	p. 18
motif (nm)	5	p. 50
motivant/e (adj)	12	p. 120
motivation (nf)	12	p. 122
moto (nf)	1	p. 8
moyen (un) (nm)	10	p. 106
moyen / moyenne (adj)	1	p. 9

N

néanmoins (adv)	9	p. 91
né/e (adj)	9	p. 90
naïf / naïve (adj)	3	p. 26
nature (nf)	9	p. 90
naturel/le (adj)	5	p. 48
naturellement (adv)	4	p. 40
navigateur (nm)	2	p. 18
nécessaire (adj)	4	p. 42
normal/e (adj)	11	p. 112

O

obéir *(v)*	**8**	p. 82
objectif (avoir pour objectif de) *(nm)*	**11**	p. 114
obligé/e *(adj)*	**7**	p. 74
obtenir *(v)*	**7**	p. 74
occupation *(nf)*	**7**	p. 72
odeur *(nf)*	**10**	p. 106
oiseau *(nm)*	**9**	p. 90
opinion *(nf)*	**2**	p. 17
opposer *(v)*	**2**	p. 18
or *(conj)*	**9**	p. 91
ordinateur *(nm)*	**11**	p. 112
organiser *(v)*	**7**	p. 74
organisme *(nm)*	**6**	p. 58
originalité *(nf)*	**5**	p. 50
ouvrir *(v)*	**1**	p. 10
ovale *(adj)*	**1**	p. 9

P

page *(nf)*	**2**	p. 18
paquet *(nm)*	**1**	p. 10
parcourir *(v)*	**2**	p. 18
parental/e *(adj)*	**7**	p. 74
parfait/e *(adj)*	**5**	p. 50
parfaitement *(adv)*	**7**	p. 74
parfois *(adv)*	**9**	p. 90
parier *(v)*	**2**	p. 16
part *(nf)*	**7**	p. 72
partager *(v)*	**2**	p. 17
participer *(v)*	**2**	p. 18
particulièrement *(adv)*	**9**	p. 90
parvenir *(v)*	**10**	p. 106
passer (se) *(v)*	**1**	p. 8
pays *(nm)*	**3**	p. 26
paysage *(nm)*	**3**	p. 24

précédent(e) / précéder *(adv)*	**2**	p. 16
précis/e *(adj)*	**5**	p. 48
présenter (se) *(v)*	**7**	p. 74
préserver *(v)*	**10**	p. 106
prêt / prêter *(nm / v)*	**6**	p. 58
preuve *(nf)*	**10**	p. 106
prévenir *(v)*	**7**	p. 72
prévoir *(v)*	**9**	p. 88
prier *(v)*	**6**	p. 58
priver (se priver de) *(v)*	**10**	p. 104
prix (récompense) *(nm)*	**2**	p. 16
probablement *(adv)*	**2**	p. 18
problème *(nm)*	**3**	p. 26
production *(nf)*	**3**	p. 26
produit *(nm)*	**4**	p. 40
professionnel/le *(adj)*	**6**	p. 58
profil *(nm)*	**7**	p. 74
profiter *(v)*	**7**	p. 72
progression / progresser *(nf / v)*	**4**	p. 44
promettre *(v)*	**10**	p. 104
promotion / promotionnel(le) *(nf / adj)*	**11**	p. 112
pronostic *(nm)*	**2**	p. 16
proportion *(nf)*	**7**	p. 74
protection *(nf)*	**9**	p. 90
protéger *(v)*	**9**	p. 90
protester *(v)*	**8**	p. 80
prudent/e *(adj)*	**9**	p. 88
psychologie / psychologique *(nf / adj)*	**3**	p. 24
publicité *(nf)*	**11**	p. 112
publier *(v)*	**8**	p. 82
puisque *(conj)*	**10**	p. 104
punir *(v)*	**9**	p. 88

R

rabais *(nm)*	**11**	p. 112

race *(nf)*	**8**	p. 82
raconter *(v)*	**3**	p. 26
raide *(adj)*	**1**	p. 9
raison (avoir une raison de) *(nf / loc adv)*	**6**	p. 58
raison (avoir raison de) *(nf / loc verb)*	**4**	p. 40
raisonnable *(adj)*	**4**	p. 40
rapidement *(adv)*	**7**	p. 74
rapport (par rapport à) *(nm / prép)*	**10**	p. 106
rapporter *(v)*	**9**	p. 90
rare *(adj)*	**6**	p. 56
rayon *(nm)*	**11**	p. 114
rayure *(nf)*	**5**	p. 50
recommencer *(v)*	**10**	p. 104
réduction / réduire *(nf / v)*	**4**	p. 44
réel/le *(adj)*	**6**	p. 58
réfléchir *(v)*	**8**	p. 80
réflexion *(nf)*	**12**	p. 120
refuge *(nm)*	**8**	p. 82
refuser *(v)*	**8**	p. 80
regretter *(v)*	**3**	p. 24
régulier/ière *(adj)*	**12**	p. 120
relever *(v)*	**9**	p. 88
remarquer *(v)*	**1**	p. 8
remboursement / rembourser *(nm / v)*	**6**	p. 58
remercier *(v)*	**3**	p. 24
remplir *(v)*	**6**	p. 58
remporter *(v)*	**2**	p. 18
rencontre *(nf)*	**2**	p. 18
rendre (faire devenir) *(v)*	**3**	p. 26
repas *(nm)*	**4**	p. 42
repassage *(nm)*	**7**	p. 72
réponse *(nf)*	**6**	p. 58
repos *(nm)*	**2**	p. 18
reposant/e *(adj)*	**6**	p. 56

représenter (v)	**10**	p. 106
répression (nf)	**11**	p. 112
respecter (v)	**1**	p. 10
respirer (v)	**6**	p. 56
responsabilité / responsable (nf / adj)	**7**	p. 74
ressembler à (v)	**12**	p. 122
résultat (nm)	**2**	p. 16
retrouver (v)	**3**	p. 24
réussir (v)	**10**	p. 106
revanche (en) (adv)	**8**	p. 82
réveiller (v)	**3**	p. 26
revoir (se) (v)	**10**	p. 104
riche (adj)	**3**	p. 24
rigoureux/euse (adj)	**12**	p. 120
risquer (v)	**10**	p. 106
rôder (v)	**1**	p. 8
rôle (nm)	**3**	p. 24
roman (nm)	**3**	p. 24
rond/e (adj)	**1**	p. 9
rouler (v)	**9**	p. 88
roux / rousse (adj)	**1**	p. 9
rythme (nm)	**12**	p. 120

S

salutations (nf pl)	**6**	p. 59
santé (nf)	**10**	p. 107
sauf (prép)	**1**	p. 10
sauter (un repas) (v)	**4**	p. 42
sauver (v)	**3**	p. 26
savon (nm)	**11**	p. 114
scandale (nm)	**4**	p. 40
scène (nf)	**3**	p. 24
scientifique (adj)	**2**	p. 16
sécurité (par) (nf)	**8**	p. 82
selon (prép)	**5**	p. 50

sélection *(nf)*	**3**	p. 26
sélectionner *(v)*	**12**	p. 120
sembler (il me semble) *(v)*	**5**	p. 49
séparer *(v)*	**7**	p. 74
sévère *(adj)*	**9**	p. 88
siècle *(nm)*	**2**	p. 18
signer *(v)*	**7**	p. 74
simple *(adj)*	**5**	p. 48
situation *(nf)*	**6**	p. 58
soif *(nf)*	**8**	p. 82
soigner (se) *(v)*	**10**	p. 107
soin (prendre soin de) *(nm / loc verb)*	**9**	p. 90
somme *(nf)*	**6**	p. 56
sondage *(nm)*	**4**	p. 40
sophistiqué/e *(adj)*	**5**	p. 48
sortie *(nf)*	**3**	p. 24
souci (se faire du souci) *(nm / loc verb)*	**5**	p. 48
souffrir *(v)*	**8**	p. 80
soupe *(nf)*	**4**	p. 42
souvenir (se) *(v)*	**5**	p. 48
souvent *(adv)*	**8**	p. 81
spectacle / spectateur *(nm / nm)*	**3**	p. 26
stable *(adj)*	**4**	p. 44
stabiliser (se) / stabilisation *(v / nf)*	**4**	p. 44
stade *(nm)*	**2**	p. 18
stand *(nm)*	**11**	p. 114
stress *(nm)*	**10**	p. 104
strict/e *(adj)*	**5**	p. 50
style *(nm)*	**5**	p. 51
suffire (ça suffit) *(v)*	**10**	p. 106
suivant/e *(adj)*	**2**	p. 18
sujet *(nm)*	**3**	p. 24
superbe *(adj)*	**3**	p. 24
supérieur *(adj)*	**11**	p. 114

Y

CRÉDITS PHOTOS

p. 12 : Vandystadt / Y. Arthus Bertrand
p. 18 : Collection Christophe L
p. 42 : Sygma / A. Canovas
p. 47 : Hoa Qui / Zefa

« Si tu veux connaître *Mon Quotidien*,
le quotidien d'actualité des 10-15 ans,
appelle le **01 53 01 23 60** ou **www.monquotidien.com**
et tu recevras **gratuitement 5 numéros**. »

Édition : Martine Ollivier
Maquette intérieure / Mise en pages : ALINÉA
Couverture : Nadia Maestri
Illustrations : Jean-Claude Bauer
Recherche iconographique : Nadine Gudimard